MANUEL — GUIDE
DE
l'ENSEIGNEMENT MUTUEL
ET POPULAIRE DE LA MUSIQUE,
pour
les Classes nombreuses des
Collèges, Écoles primaires, normales et communales, Pensionnats, &ª
Contenant
285 SOLFÉGES à 1, 2 ou 3 voix, et 50 CHŒURS à 2, 3 et 4 voix dont 42 CHŒURS
paroles et musique d'Alexis de GARAUDÉ, et 8 CHŒURS D'ÉGLISE pour Messes, Saluts &ª
PAR
ALEXIS DE GARAUDÉ
Membre des Conservatoires de France, d'Italie et de plusieurs Académies R.les
des Sciences et Belles Lettres, &ª
Œuvre 62 _______ Prix net de Librairie : { 8.f .... Complet.
{ 4.f 50.c 1.ère ou 2.e Partie séparée.
(N.B) Le MÊME OUVRAGE, in folio, en 74 grands Tableaux (à suspendre dans la classe)
Prix net : { 12.f complet.
{ 7.f 1.ère Partie.
{ 6.f 2.e Partie.
À PARIS, chez l'AUTEUR, 6, Rue N.lle des Petits Champs,
Passage Colbert.
Chez HACHETTE, Libraire de l'Université, à PARIS et à ALGER,
et chez les M.ds de Musique de France et de l'Étranger.
(A.G. 706.)

A. DE GARAUDÉ.

Compositeur et Professeur de Chant.

Membre de l'École Royale de Musique, de la Chapelle du Roi &ª.

OUVRAGES CLASSIQUES D'ALEXIS DE GARAUDÉ,

Professeur de Chant, membre des Conservatoires de France et d'Italie,

Qui se trouvent chez l'Auteur: 6, Rue des Petits-Champs, passage Colbert, et chez les M^ds d. Musique.

ÉTUDES COMPLÈTES DE SOLFÈGES.

SOLFÈGES DES ENFANTS, adoptés par le *Ministre de l'Instruction publique* pour les *Collèges et les Écoles primaires, normales et communales*, avec *piano*........................25 »

Les mêmes, in-8°, sans accompagnement (cet ouvrage est écrit dans l'intervalle de 9e, du *Do* au *Ré*, pour ne point fatiguer la poitrine.) Prix net de librairie........................2 50

MANUEL DE DICTÉE MUSICALE sur **200** *nouvelles Leçons progressives de* SOLFÈGES; in-8°, op: **61** (faisant suite aux SOLFÈGES DES ENFANS) Prix net........................4 »

Nouveau COURS ELEMENTAIRE DE MUSIQUE pour les *Classes nombreuses*, en 3 *Séries* et un *Tableau explicatif*, op: **50**, Prix net........................11 50

(*Même adoption du Ministre*) N.B. Son usage peut être aussi très utile dans les *Pensionnats* et les *Régiments*. Il se divise ainsi:

1re Série: SOLFÈGES très faciles, à 2 voix, in-8°, (dans l'intervalle de 9e, du *Do* au *Ré*) Prix net........................3 »

2me Série: SOLFÈGES progressifs, à 3 voix Prix net........................5 75

3me Série: **12** CHOEURS MILITAIRES à 3 voix Id........................2 50

3me Série: *bis*: **12** CHOEURS, à 3 voix, pour les *Pensionnats* Prix net........................3 50

TABLEAU *explicatif* des PRINCIPES, in-4° (à suspendre dans la classe)........................1 »

ENSEIGNEMENT MUTUEL ET POPULAIRE DE LA MUSIQUE pour les *Classes nombreuses*, en **286** *Leçons* de SOLFÈGES à **1, 2 ou 3** *Voix*, **50** CHOEURS à **2, 3 ou 4** *Voix*, dont 8 de MUSIQUE D'ÉGLISE pour *Messes, Saluts*, &, op: **62**; en 2 Éditions différentes:

MANUEL ET GUIDE DE LA METHODE in-8°, Prix net......
- *Complet*........................8 »
- **1**^re *Partie*........................4 50
- **2**^e *Partie*........................4 50

Le même ouvrage, *in folio*, en 75 grands Tableaux ......
- *Complet*........................12 »
- **1**^re *Partie*........................7 »
- **2**^e *Partie*........................6 »

SOLFÈGES avec basse chiffrée, ou *Méthode de* MUSIQUE *adoptée par les Conservatoires*, op: **27**, 6e édition........................45 »

Les mêmes, 1re ou 2e partie (celle-ci est destinée principalement aux élèves qui veulent devenir ARTISTES) chaque........................25 »

Les mêmes, avec *piano* (1re partie et solfèges de la 2e partie........................30 »

Les mêmes, 1re partie, avec accompagnement de *guitare*........................21 »

80 SOLFÈGES progressifs, à 2 voix égales, avec *piano*, op: **41**........................30 »

Les mêmes, in-8°, sans accompagnement........................10 »

SOLFÈGES ou MÉTHODE DE MUSIQUE, pour les voix de BASSE, en clé de *Fa*, avec piano, op: **46**........................36 »

SOLFÈGES, op: **27**, avec accompagnement de Piano 7e édition (*en Espagnol*)........................20 »

ÉTUDES COMPLÈTES DE L'ART DU CHANT.

Nouvelle MÉTHODE DE CHANT, pour voix de *mezzo soprano* (convenant aux jeunes élèves dont la voix ne doit pas être fatiguée par des intonations hautes,) avec **150** *exercices pour la voix*, **18** *vocalises élémentaires* et **12** *grandes vocalises ou morceaux de chant sans paroles*, de tous les styles, avec *piano*, op **55**........................25 »

4

La même MÉTHODE (*en Espagnol*)...25 »

MÉTHODE COMPLÈTE DE CHANT, op: **40**, **2ᵐᵉ** édition approuvée par l'Institut, avec
piano ....**50** »

La même, la **1ʳᵉ** partie seule, ou la **2ᵉ** et **3ᵉ** réunies....................................**30** »

MÉTHODE DE CHANT (*en clef de Fa*,) composée spécialement pour les voix de *basse*, *baryton* ou *contralto*, avec accompagnement de *piano*, op: **53**. Cette MÉTHODE, ainsi que les précédentes, a été approuvée par l'Institut de France.....................**25** »

52 ÉTUDES ou EXERCICES de PRONONCIATION et d'ARTICULATION dans le *chant français* (2 morceaux sur l'étude de chaque voyelle ou consonne, sous la forme d'*airs*, *cavatines*, *récitatifs*, *romances*,) avec *piano*, op: **52**..................................**20** »

24 VOCALISES ou *Études de l'art du chant*, composées pour les examens et concours du Conservatoire, avec *piano*, op: **42**

1ʳᵉ Livraison, pour voix de *soprano* ou de *ténor* ....**18** »

2ᵉ Livraison, pour voix de *basse* ou de *contralto* ....**18** »

GRANDES VOCALISES pour *soprano* ou *ténor*, ou *Études caractéristiques de l'art du chant*, sous la forme d'*airs*, *cavatines*, *rondo*, &, avec *piano* ....**18** »

3 Nouveaux AIRS *Français* (*de Concert*) avec *piano* op: **59**, chaque............**6** »

3 DUETTI BUFFI per *soprano* e *basso*, pour les *Soirées Musicales* op: **56**, chaque 6ᶠʳ, en recueil...**15** »

AUTRES MÉTHODES, MESSES, MUSIQUE INSTRUMENTALE, &.

L'HARMONIE RENDUE FACILE ou *Théorie pratique* de cette science, et d'accompagnement de la *Basse chiffrée* et de la *Partition*, rédigée de manière à pouvoir *étudier seul*, au moyen de *leçons* à faire sur chaque accord de la **1ʳᵉ** partie. On consultera ensuite le *corrigé* de ces leçons qui se trouve dans la **2ᵐᵉ** partie, op: **44** à 30ᶠʳ — MÉTHODE COMPLÈTE DE PIANO (**140** pages,) avec **316** *exercices*, **72** jolies leçons faciles, tirées des opéras italiens, **48** *préludes*, **12** *études* (le tout doigté,) et une *Méthode pour accorder le piano*, op:**45**, 2ᵉ édition, à 21ᶠ — La même, **1ʳᵉ** et **2ᵐᵉ** *parties* à 12ᶠ — **12** SONATES *très faciles* et doigtées, pour la première année de leçons de piano, 4 livraisons à 7ᶠ 50ᶜ — SONATES non difficiles, à **4** mains 15ᶠ — **6** MORCEAUX *faciles* pour l'HARMONIUM ou *orgue expressif*, op: **51**. 9ᶠ — Petite MÉTHODE DE VIOLON, à 9ᶠ — MÉTHODE D'ALTO, à **5**ᶠ — **1ʳᵉ** MESSE SOLENNELLE à trois voix (*Soprane, Contralte, Basse*,) avec orgue ou *piano*, op: **43**, dédiée à L CHÉRUBINI, 15ᶠ — Parties d'orchestre 18ᶠ — 2ᵐᵉ MESSE à 3 voix (*Soprane Ténor et Basse*) dédiée à ROSSINI, op: **47** à 25ᶠ — Parties de chant, 10ᶠ — Parties d'orchestre, 25ᶠ — **3** QUINTETTES pour 2 violons, alto, 2 violoncelles, 15ᶠ — QUATUORS, TRIOS, DUOS, pour divers instruments (voir le catalogue.) — **3** CANTATES à **3** voix, avec chœurs, pour les distributions de prix des Pensionnats, chaque 7ᶠ 50ᶜ — *Quel ruscelletto*, cavatine pour soprane, 3ᶠ 50ᶜ — *La Romance et la Chansonnette*, 2ᶠ — **8** CHŒURS à **3** et **4** voix (*Ô Salutaris Ecce panis, Adoremus, Tantuus ergo, Ave Maria, Requiem, Pie Jesu, Agnus Dei.*) extraits de la *Méthode d'enseignement mutuel et populaire* op: **62**, sans accompagnement, prix net in- 8° 2ᶠ — Les mêmes, grand format, avec acc: d'orgue Pr: marqué 15ᶠ

ALEXIS et ALBERT de GARAUDÉ, **3** Nouvelles MESSES *très faciles à 3 voix égales* avec accompagnement d'orgue, pour COLLÈGES, PENSIONNATS, SÉMINAIRES, op: **63**, Nᵒˢ **1, 2, 3**, chaque **20**ᶠ

ALBERT GARAUDÉ. **3** grands TRIOS pour *piano, violon et violoncelle*, chaque. 10ᶠ — Dᵒ *La Placida Marina — Aure amiche*, nocturnes à 2 voix, 4ᶠ — *Robin Gray — Désir champêtre — Si c'était lui! — Le rêve dans la barque — La Thébaïde*, ROMANCES à 2ᶠ — *Le Prix du sang — La nuit de Noël*, à 6ᶠ

TABLE DES MATIÈRES.

MANUEL–GUIDE

D'ENSEIGNEMENT MUTUEL ET POPULAIRE

DE LA MUSIQUE

PAR

ALEXIS DE GARAUDÉ

Op: **62**.

Première Partie.

AVIS PRÉLIMINAIRE DE L'AUTEUR.

Si la France ne devient point la nation la plus musicale de l'Europe, ce ne sera pas faute de nombreuses MÉTHODES de tous genres; et tous ceux qui publient quelque espèce de *nouveau Système d'enseignement*, feignent de croire que le leur est *le seul* préférable et le moins hérissé de difficultés.

On doit penser que la meilleure MÉTHODE est certainement celle qui surcharge le moins possible la mémoire des élèves, et qui n'offre successivement *qu'un très petit nombre de préceptes, et d'exercices spéciaux*, qui le fasse comprendre parfaitement. Tel est le plan rationel que j'ai cherché à suivre constamment dans la composition de mes nombreux OUVRAGES ÉLÉMENTAIRES comme *enseignement individuel* ou *simultané*. C'est sans doute à ce soin consciencieux que je dois leurs succès, ainsi que l'honneur de vingt contre façons en diverses langues, dans les pays étrangers: ce que je trouve préférable à l'impression de beaucoup de lettres particulières et *laudatives*, que j'ai cru devoir conserver dans mes cartons.

Cependant, ce dernier genre d'enseignement devenait plus ou moins applicable à des classes très nombreuses, où un seul Professeur ne pouvait ainsi multiplier ses soins. On a donc cherché un moyen de lui donner pour auxiliaires les élèves les plus instruits de ces classes, afin d'exercer les autres élèves moins avancés sur les élémens de divers genres que ces premiers connaissaient déjà parfaitement.

Ainsi donc, chaque article de l'enseignement est successivement divisé et enseigné par d'autres élèves d'une classe supérieure: telle est l'origine de *l'enseignement mutuel*.

Ce Système est très ancien; car, depuis longtems, il était pratiqué dans l'Inde. Il a été ensuite importé à Paris par *Herbault*, en 1747; à Vincennes par *Paulet* en 1780; dans les écoles de *Lancaster*, en 1797, &. Enfin ce sujet a été traité avec beaucoup de talent dans les ouvrages de Messieurs

Laborde et *Lasteyrie* en 1815 dans ceux de **MM.** *Jomard* et *Hamel*, ainsi que par *Choron*, qui employait dans son Ecole de Musique une Méthode dont le but était à peu près semblable dans ses résultats.

Plus tard, *Wilhem*, élève de l'Ecole Polytechnique, ainsi que *Choron*, devint Professeur de Musique; et, avant qu'il n'ait composé sa Méthode, il a employé, pour ses élèves 50 exemplaires de la 1.ᵉ édition de mes SOLFÈGES op:27, publiée en 1814.

L'idée de chercher à appliquer à l'étude de la Musique les ressources connues de l'enseignement mutuel était heureuse. Si ce travail atteint bien son but, cet art doit se populariser, et l'intention morale d'y faire participer la classe ouvrière doit, par sa bonne influence, contribuer à la détourner de mauvaises habitudes contractées dans ses momens de loisir. Cette idée philantropique devait donc mériter le patronage de puissans protecteurs!

Les réunions d'ouvriers mêlés aux Choeurs de l'*Orphéon* ont donc obtenu, par beaucoup de soins officieux, le retentissement qui lui a valu l'honneur d'être visité par d'augustes personnages. Une grande masse de voix (surtout lorsqu'elle est soutenue par un grand nombre d'Artis'es, dits *Moniteurs*) a toujours produit un effet grandiose à toutes les époques; et on a seulement et vaguement considéré qu'au bout de quelques années il en résultait un grand nombre d'élèves chantant ensemble, *la partie à la main*, quelques Choeurs bien répétés depuis longtems; et on a crié *au miracle*, comme s'il s'agissait d'une admirable découverte dans les Beaux - arts!...

Peut être, pourrait on réserver une partie de cet étonnement admiratif pour quelques milliers de choristes de Théâtre, qui sont peu ou point musiciens, et qui chantent avec ensemble et *de mémoire* quantité de Choeurs très difficiles de *Rossini, Meyerbeer, Auber, Haléry,* &.

Abordons la question d'art. et, par conséquent, le mode d'enseignement qui (sans recourir à des ordres exclusifs tant soit peu militaires qu'on voudrait obtenir) doit faire réussir ce genre d'études, comme *instruction populaire*. Voici le résumé des observations que j'ai recueillis de nombreux Professeurs, seuls bons juges de cette question, dans le cours de mes fréquens voyages:

1.ᵉ Une MÉTHODE, faite dans ce système, doit être tellement claire qu'un Professeur (qui n'aurait aucune idée de l'*Enseignement mutuel*) puisse en faire une application utile, sans être forcé de subir lui même un *Cours* pour apprendre à l'enseigner; (1)

2.ᵒ Les dénominations techniques connues ne doivent pas être surchargées de celles avec lesquelles le Dictionnaire n'a pas encore fait connaissance; elles doivent être présentées avec la plus grande simplicité et seulement au fur et à mesure de leur besoin: les élèves ne devant point se fatiguer à apprendre des choses inutiles à l'époque présente de leurs études. Pendant le temps perdu à étudier des termes et des signes bizarres autant qu'inutiles, les progrès seraient plus rapides avec moins de *théorie scientifique* et beaucoup plus de *leçons pratiques*, seule base d'un bon enseignement. Dans les Conservatoires et dans les Maîtrises, les élèves lisent bien mes SOLFÈGES au bout de six mois, et, bientôt après, des Leçons difficiles à changemens de clefs.

____

(1) J'aime à espérer, au contraire, que ce MANUEL—GUIDE serait de suite bien compris et facilement enseigné par tous les Professeurs quelconques.

3°. C'est surtout en solfiant beaucoup de *Leçons speciales* sur les divers genres de difficultés présentées méthodiquement, qu'on obtiendra de bons résultats en peu de tems. Pour que ces Leçons atteignent bien leur but, il est nécessaire d'y créer des Mélodies agréables, successivement rythmées de toute espèce de valeurs, écrites avec une progression lente et détaillée de tout ce que les élèves doivent savoir; comme *Lecture musicale raisonnée* Dans les Méthodes connues de ce genre d'enseignement, les Professeurs se plaignent de ce que l'étude orale est, souvent et sans utilité, développée au détriment de l'étude chantée: le nombre des Leçons de Solfèges en étant trop restreint. Souvent aussi, elles ne sont que des squelettes didactiques, une simple Arithmétique de notes qui doivent dégoûter de la Musique, plutôt que d'en inspirer aux élèves le goût et le sentiment. La tâche de l'auteur devient donc plus difficile, car ici il faut joindre l'utile à l agréable, et il pourrait être très instruit comme savant et Didacticien (ainsi qu'était *D'Alembert*) que, s'il n'est point *Compositeur*, ou qu'il le soit fort peu, l'aridité se fera sentir dans les Leçons, et une lacune importante subsistera dans son ouvrage. Du reste, on pourrait citer beaucoup d'Artistes qui se sont essayés dans des Méthodes de Chant et de Solfèges et qui, pour cette raison, ont échoué d'autant plus malheureusement que, sous divers rapports, leur travail pouvait avoir droit à quelque éloge. Être *bon Théoricien* est moins facile qu'on ne pense, et l'ennui ne doit point se glisser dans de bonnes Etudes vocales.

4°. En résumé, aujourd'hui que tout marche dans la voie du progrès, il faut autre chose qu'une Méthode *qui dégrossisse l'enseignement*, en faisant chanter *ensemble*, mais non *individuellement* des *compositions faciles*, dont l'emploi et le but ont peu de portée; car, après l'avoir suivie pendant plusieurs années, on se trouverait forcé de recommencer des études seulement ébauchées; à moins toutefois d'être doué de cette excellente organisation qui triomphe toujours, même d'un mauvais enseignement! Bref, si les élèves qu'on fait entendre ainsi se proposaient, comme but sérieux, de faire quelques études un peu approfondies, et de devenir ce qu'on appelle des *Musiciens*, ce but, qui leur réussit pour arriver *à chanter en masse une partie de Chœur facile*, serait entièrement manqué. L'expérience l'a victorieusement prouvé jusqu'à présent. (1)

---

(1) Il est assez singulier que, dans le feuilleton du *Constitutionel* (7 Mars 1847), des réflexions à peu près semblables ont été écrites par un célèbre Critique! Il ajoute d'ailleurs « que la Méthode *Wilhem*, excellente en 1819 pour le premier pas de son introduction dans nos Écoles, ne saurait plus suffire aujourd'hui; qu'elle n'a produit aucun Artiste, aucun Virtuose, et qu'un Choriste passable n'est pas même sorti des rangs de l'Orphéon! On pourrait ajouter que la principale cause de son succès: c'est qu'elle était la seule de ce genre, et par conséquent la meilleure!

Ces réflexions et observations deviennent une espèce de Préface du nou
vel Ouvrage que je publie. Elles m'ont été faites par un grand nombre d'artistes qui ont souvent insisté pour que je composasses une nouvelle MÉTHO-
DE, dans laquelle *l'enseignement mutuel* put être appliqué à la Musique. Cette
entreprise était fort difficile à exécuter, en cherchant à y réunir tous les avan-
tages et résultats décrits précédemment; néanmoins mon zèle pour l'art musical, aidé de la longue expérience que j'ai acquise dans les moyens d'en a-
méliorer les études, m'a engagé à donner tous mes soins à cet ouvrage. Dési-
rant donner à mes CHŒURS un double but d'utilité spéciale, j'en ai composé
aussi les vers, dont tous les sujets sont ou *religieux* ou *moraux* ou indiquant
divers *préceptes de Musique et de l'art du Chant*. On comprendra d'ailleurs
que, malgré mon désir de rendre agréables les Mélodies de cette Méthode, cela devenait à peu près impossible dans son premier tiers, qui ne traite que
des intervalles et des combinaisons de valeurs de notes.

Je dois croire aussi qu'on ne cherchera point à m'accuser de plagiat de la
Méthode *Wilhem*, quoiqu'elle puisse d'abord faire présumer quelque point général de ressemblance avec le plan d'enseignement mutuel qu'il y a adapté.
Ceci est d'ailleurs très facile à vérifier: loin d'avoir pris dans *Wilhem* ce qui a
rapport à ce genre d'enseignement, je n'ai fait que *puiser aux mêmes sources
bien antérieures à sa Méthode*, et desquelles il a retiré lui même tout ce qui
forme la bàse et les détails de son ouvrage. Je me suis servi de mon propre plan,
imité de *Condillac*, *(passer toujours du connu à l'inconnu)* qui existe depuis
longtems dans toutes mes MÉTHODES. Je l'ai seulement modifié et adapté à
tout ce qui constitue depuis bien longtems un enseignement mutuel: *Tableaux,
demi-cercles, divisions en 8 classes* comme dans les Collèges, *modes d'enseignement par les Moniteurs ou Instructeurs, détails d'organisation de l'Ecole*, &. Tout cela existait depuis de longues années dans ces Écoles, de divers
genres. Cette manière d'enseigner étant donc une propriété publique, je ne l'ai
appliqué à la Musique qu'en y adaptant une *rédaction de Principes, de nouvelles compositions de* SOLFÉGES et de CHŒURS qui m'appartiennent, et dont j'ai
cherché à tirer le meilleur parti possible pour la bonne instruction des élèves
et l'allégement des peines des Professeurs

J'aime à espérer qu'ils trouveront dans ce dernier Ouvrage Classique, *éco-
nomie de tems, d'argent, de fatigue et d'ennui;* enfin que cette nouvelle
MÉTHODE pourra, par son plan rationnel et régulier, réaliser cet adage de
toutes les anciennes ÉCOLES D'ENSEIGNEMENT MUTUEL: *Une place pour
chaque chose, et chaque chose est toujours à sa place!*

DISPOSITIONS MATÉRIELLES D'UNE ÉCOLE DE MUSIQUE.

Toute École peut, dans son ensemble et dans ses détails, avoir des proportions plus ou moins grandes, selon le nombre des Élèves, selon les localités et les circonstances particulières; mais en supposant qu' une École fût composée de 64 Élèves, il faudrait que la salle eût environ 8 mètres de long sur 5 de large, et elle aurait à peu près la disposition suivante:

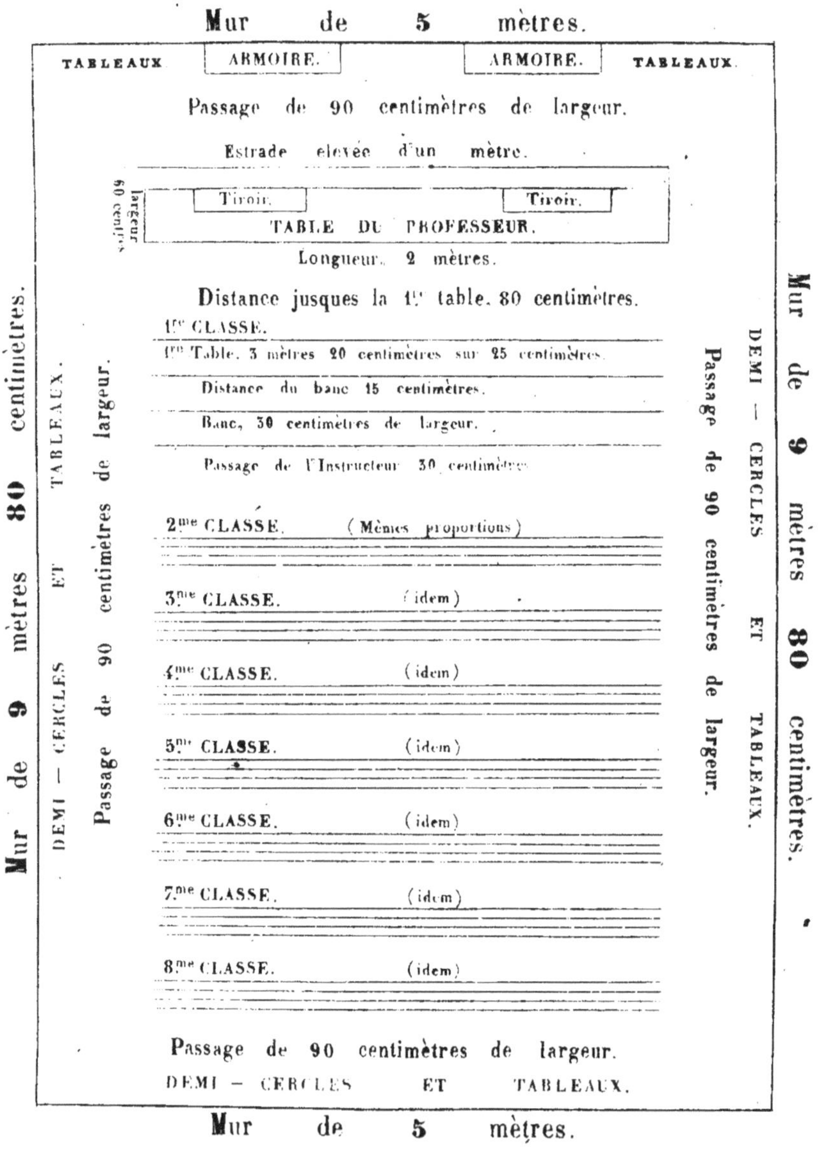

Mur de 5 mètres.

| TABLEAUX | ARMOIRE. | ARMOIRE. | TABLEAUX |

Passage de 90 centimètres de largeur.

Estrade élevée d'un mètre.

| Tiroir. | | Tiroir. |
TABLE DU PROFESSEUR.

Longueur. 2 mètres.

Distance jusques la 1re table. 80 centimètres.

1re CLASSE.

1re Table. 3 mètres 20 centimètres sur 25 centimètres.

Distance du banc 15 centimètres.

Banc, 30 centimètres de largeur.

Passage de l'Instructeur 30 centimètres.

2me CLASSE.   (Mèmes proportions)

3me CLASSE.   (idem)

4me CLASSE.   (idem)

5me CLASSE.   (idem)

6me CLASSE.   (idem)

7me CLASSE.   (idem)

8me CLASSE.   (idem)

Passage de 90 centimètres de largeur.

DEMI — CERCLES   ET   TABLEAUX.

Mur de 5 mètres.

(Côté gauche : Mur de 9 mètres 80 centimètres. — DEMI — CERCLES ET TABLEAUX. — Passage de 90 centimètres de largeur.)

(Côté droit : Mur de 9 mètres 80 centimètres. — DEMI — CERCLES ET TABLEAUX. — Passage de 90 centimètres de largeur.)

Les armoires serviront à resserrer, dans x planches différentes, les Diapazons, les ardoises, les crayons, les baguettes, les Tableaux, &. appartenant à chaque classe, et qui seront sous la surveillance de l'Instructeur général.

Les tiroirs du Professeur contiendront les registres et les marques de récompense. Ces registres seront au nombre de trois:

1.° Un *Registre général*, ainsi conçu:

Noms des Elèves	Age	Demeure	Entrée.	N.ᵒˢ de Classe.	Changem.t de Classe.	Observations.

2.° Un *Régistre journalier*, ainsi conçu:

Noms des Elèves.	N.ᵒˢ de Classe.	Absences et leurs motifs	Observations.

3.° Un *Registre des Instructeurs*, ainsi conçu:

Noms des Instructeurs en exercice.	Dates.	Instructeurs suppléans.	Changemens et observations.

Chaque table de 8 Élèves sera une petite planche de 3 mètres 20 centimètres de long sur 25 centimètres de large. Son plan un peu incliné aura dans le bas un petit rebord de 3 centimètres, afin que l'ardoise et le crayon ne glissent point.

Chaque Élève devra avoir une ardoise réglée pour la Musique, et un porte crayon.

Les Tableaux, collés sur un carton, devront être suspendus par un anneau aux murs, à la proximité du banc de la classe à laquelle ils seront jugés convenables.

Les demi-cercles, composés d'Élèves du même dégré, auront lieu devant chaque tableau de la Leçon du jour. Ils auront chacun un mètre de rayon ou 2 mètres d'une extrémité à l'autre. Pour éviter des frais, on peut tracer ce demi-cercle sur le plancher, en laissant une petite distance jusqu'au suivant.

Une pendule ou une montre sont nécessaires pour partager le travail d'une heure en six genres d'occupations: ce qui donnerait, en général, dix minutes pour chaque, sauf les modifications nécessaires et décidées par le Professeur.

DISPOSITIONS PERSONNELLES.

DU PROFESSEUR.

Il dirigera tous les détails relatifs à l'École, ayant sous ses ordres l'*Instructeur général* et les *Instructeurs particuliers* (1) qu'il aura nommés.

Si une École s'ouvrait nouvellement, cette ouverture doit être précédée d'un certain nombre de *leçons particulières données par lui aux élèves les plus instruits*, qui lui paraitront avoir mérité les grades d'Instructeurs qui seraient proportionnés à leur capacité; elles seront données principalement *sur les Tableaux de l'enseignement duquel ils seront chargés.* Cette leçon particulière sera renouvellée le premier jour de chaque semaine, une demi-heure avant ou après la durée des classes, afin d'augmenter leur instruction par des lectures musicales ou des préceptes d'un ordre supérieur. Le Professeur pourra les faire passer a une classe supérieure ou inférieure, selon leurs progrès. Leur zèle et leur aptitude peuvent être récompensés par le don de porte crayon ou de quelque Musique.

Le Professeur partagera en huit classes tous les élèves de l'École, selon leur capacité et le degré d'instructions qu'ils auraient acquis. Chaque classe pourra, selon le nombre et la capacité des élèves, être subdivisée en plusieurs sections analogues au besoin de rendre l'enseignement plus progressif et plus certain, en le restreignant d'abord à un ou deux des Tableaux de cette classe. C'est d'après l'examen et le jugement du Professeur, ainsi que d'après les rapports des Instructeurs particuliers qu'un élève doit passer dans une classe supérieure ou inférieure, selon ses progrès.

Cet examen aura lieu, lors de la dernière séance de chaque Mois, et son résultat sera proclamé à haute voix.

Pendant les classes de chaque semaine, le Professeur fera plusieurs inspections près des tables et des demi-cercles, afin de s'assurer que tout se passe convenablement.

Il est seul juge de tous les différents qui pourraient avoir lieu; et il peut suspendre ou remplacer les Instructeurs, selon qu'il le croit nécessaire. Si l'un d'eux n'était point arrivé lors de l'ouverture des classes, il choisira l'un des suppléans pour le remplacer.

---

(1) La dénomination d'*Instructeur* me semble être plus rationelle que celle de *Moniteur*.

Il est d'ailleurs entendu que ces dispositions et quelques autres peuvent être modifiées selon les circonstances particulières et locales.

(Voyez Page 16 EMPLOI DE LA MÉTHODE.)

DE L'INSTRUCTEUR GÉNÉRAL.

Le Professeur doit le choisir, comme étant le meilleur élève de l'école. A la connaissance parfaite de toutes les études de SOLFÈGES, il doit joindre une certaine fermeté de caractère qui lui donne de la prépondérance sur tous les élèves. Un Diapason et un sifflet seront suspendus à son cou par un ruban rouge.

Il doit arriver à l'École 25 minutes avant l'ouverture et en sortir le dernier, afin de vérifier l'ordre qui doit y présider. Les Tableaux, ardoises et crayons qui appartiennent à chaque classe seront remis par lui à l'Instructeur de cette classe, lequel doit les rendre à la fin de la séance. Cinq minutes avant la classe, il fait l'appel des Instructeurs, marque sur une ardoise le nom des absens et la porte au Professeur qui nomme de suite des Instructeurs suppléans. Il indique à chacun d'eux ce qui a été désigné pour la distribution de travail de la Leçon du jour.

Lorsque chaque Instructeur aura disposé les ardoises sur les tables et suspendu les Tableaux dans leur ordre régulier, l'Instructeur général ouvrira la porte aux élèves, qui se placeront sur leurs bancs, sans confusion.

Sa place sera à la table du Professeur, afin de faire exécuter immédiatement les ordres qu'il en aura reçu; mais il parcourra fréquemment la salle, afin de s'assurer, 1°. Si les Instructeurs font silence et le font observer; 2°. S'ils enseignent convenablement, selon les instructions qui leur ont été donnés.

S'il y a lieu de rectifier quelque erreur de ces Instructeurs, cela doit se faire particulièrement, et non pas devant leurs élèves.

Des INSTRUCTEURS de Chaque Classe.

Ils sont nommés par le Professeur qui les choisit parmi les bons élèves d'une classe supérieure à celle qu'ils doivent enseigner. Si leur caractère dénote un esprit d'ordre et d'application, ils doivent être préférés.

14

Chacun de ces Instructeurs doit avoir un exemplaire de cet ouvrage (MANUEL *in* 8º.), afin de mieux s'instruire de tout ce qui est relatif à l'enseignement qui lui est confié particulièrement, et de mieux diriger les morceaux à plusieurs voix, dont le MANUEL contient la *Partition*. Il doit aussi avoir une *baguette*, comme indicateur du travail. Un diapason, suspendu au cou par un ruban, est la marque de son grade. Ce ruban sera noir pour la 1re classe; brun pour la 2de; blanc pour la 3me; jaune pour la 4me; vert pour la 5me; violet pour la 6me; rose pour la 7me; bleu pour la 8me

Les Instructeurs devront être arrivés un quart d'heure avant l'ouverture de l'École, afin de recevoir de l'Instructeur général les ordres relatifs à la Leçon du jour, ainsi que tous les objets personnels à eux mêmes et aux élèves, et de les disposer dans l'ordre prescrit.

Ils font l'appel de leurs élèves, dès qu'ils sont placés dans leurs bancs, et remettent la liste des absens à l'Instructeur général.

Placés debout dans le petit passage qui est derrière le banc des élèves qui leur sont confiés, ils surveillent leur travail et conduisent leurs élèves au demi-cercle du tableau qui est désigné présentement, et qu'il ne faut quitter pour passer au suivant que lorsqu'il est parfaitement compris et sû.

Les *Nota* de chaque Tableau devant être leur guide pour la leçon du jour, ils doivent préalablement se bien pénétrer de leur contenu.

Ils feront ranger les élèves par ordre de Nos autour du demi-cercle, dont il occupera l'intérieur. Le Nº 1 sera l'élève qui aura le mieux répondu dans le cours de la semaine précédente. Les autres Nos seront distribués dans le même ordre relatif; mais ils pourront varier à chaque leçon, selon les réponses plus ou moins satisfaisantes qu'ils feraient aux questions.

L'Instructeur lira à haute voix le *Nota* de la leçon du jour avec les explications qui y sont relatives, et il le fera relire par un ou deux élèves. Il adressera les questions indiquées dans le Tableau, en commençant par les Nos de ceux qui sont les plus instruits. S'ils hésitent à répondre, l'Instructeur dira: *suivant*; alors, l'élève du Nº inférieur répondra à sa place, et l'échangera avec lui s'il a mieux répondu.

Lorsqu'il s'agira de solfier ou de chanter, l'Instructeur fera entendre le *La* du Diapason, et, d'après cette note, il trouvera celle qui est la *Tonique* du morceau, dont il fera, chaque fois, entendre *l'accord parfait*, en le solfiant

selon ce modèle: 

(A.

Puis, après en avoir indiqué le mouvement, en battant la mesure avec la main, il solfiera ou chantera lui même le *Solfège* ou la partie de *Choeur* qu'il doit étudier; ensuite il le fera répéter par le N°. 1 du demi-cercle et par quelques autres qu'il désignera successivement. Puis ce même morceau sera chanté à l'unisson par tous les élèves de la classe, en ayant soin de rectifier les fautes qui seraient commises.

A chaque élève désigné tour à tour dans un demi-cercle consacré à l'étude spéciale de tel ou tel intervalle, l'Instructeur fera entendre un son quelconque, en lui faisant chercher *l'intonation inférieure ou supérieure de cet intervalle.*

En faisant étudier les Tableaux avec soin, ces jeunes Instructeurs acquéreront peu à peu l'habitude d'enseigner, de manière à pouvoir devenir, un jour, Professeurs.

SIGNAUX.

Trois coups de sonnette indiquent l'ouverture de l'Ecole et le silence qui doit y régner. La sortie sera aussi indiquée de même.

Un seul coup de sonnette fera cesser tout bruit qui nuirait à la bonne tenue de l'École.

Deux coups de sonnett annonceront qu'il faut se préparer à un chant général de toute l'École.

Un coup de Sifflet avertira les Instructeurs particuliers de faire cesser le travail actuel pour en commencer un autre qui sera désigné par l'Instructeur général.

RÉCOMPENSES ET PUNITIONS.

Si l'Ecole de Musique se composait d'élèves grands et raisonnables, cet article devient inutile; car cette sorte d'élèves comprend le besoin de faire des progrès dans les études que sa bonne volonté seule le porte à cultiver.

Si cette École n'était composée que d'enfans, alors il serait surtout utile d'exciter leur émulation par les ressorts de leur amour propre. On pourrait donc adopter les dispositions suivantes:

1°. Dans le cours des Leçons données aux demi-cercles devant les Tableaux, les élèves (qu'il faut toujours interpeller par leur N°.) monteraient ou descendraient d'un N°. selon qu'ils auraient fait une réponse plus ou moins satisfaisante, et selon leur degré d'intelligence dans la lecture.

2° Lors de l'examen général, fait à la fin de chaque mois, si un élève n'avait fait aucun progrès ou semblait avoir oublié ce qu'il savait précédemment, sa punition infligée publiquement par le Professeur sera de rétrograder d'une ou de plusieurs classes.

3° L'élève d'une classe, qui aurait eu le plus de succès dans l'examen de la fin d'une semaine, serait proclamé *Premier* de cette classe: distinction qu'il conserverait toute la semaine suivante jusqu'au prochain examen. Il porterait sur la poitrine une petite médaille où serait le mot *Premier*, et elle serait attacnée avec un petit ruban de la couleur affectée à sa Classe.

4° A la fin de chaque semaine, avant la sortie de l'École, le Professeur lira à haute voix deux listes, dont la première contiendra les noms des élèves dont on est le plus satisfait, et la seconde, les noms des Élèves paresseux ou négligents.

5° Dans le cas indispensable où une expulsion de l'Ecole devrait être prononcée, le Professeur, après avoir pris l'avis de l'autorité supérieure, annoncera cette expulsion devant tous les élèves.

EMPLOI DE LA MÉTHODE.

Une heure étant seulement employée ordinairement à l'étude de la Musique, il est important de recueillir toute l'utilité possible d'un espace de tems aussi court. Il faut donc chercher les moyens d'occuper chaque classe d'élèves à un genre différent de travail qui ne dérange point les autres; car on ne peut guère admettre, comme dans les Conservatoires de Naples, que des Leçons d'intonations et rythmes différens se chantent à la fois dans la même salle! C'est donc au Professeur qu'il appartient de rédiger chaque jour, par écrit, quelle doit être la division judicieuse du travail de chaque Classe pendant chaque séance? Cette division du travail serait modifiée selon le nombre des élèves et des Classes en exercice. L'instructeur général sera chargé de son exécution.

Cette division comprend six genres de travail, dont les trois premiers, ne faisant point de bruit, peuvent être exercés à la fois. Ce sont: 1° *l'écriture musicale aux bancs*; 2° *les Lecons explicatives et les questions aux demi-cercles;* 3? *l'étude des Solfèges ou des choeurs, à la muette* (en voir l'explication page 22. 4? *faire solfier avec les intonations, ou chanter une partie des Choeurs par une seule Classe;* 5? *réunir plusieurs Classes pour le même objet,* (si cela est indiqué dans divers Solfèges ou choeurs); 6? *réunir toutes les Classes pour l'exécution des Choeurs, dès qu'on le jugera convenable.* Comme on ne peut réellement bien savoir que ce qu'on a étudié plusieurs fois et à différentes époques, le Professeur trouvera un grand avantage à faire souvent chanter les SOLFÈGES et les CHOEURS *à plusieurs voix,* en faisant doubler, ou tripler le cercle d'élèves des classes inférieures par d'autres classes plus avancées.(1) La perfection de l'ensemble et l'instruction générale ne peuvent qu'y gagner. On pourra aussi exercer les élèves à changer de partie dans l'exécution des SOLFÈGES et des *Choeurs* à plusieurs voix: ce qui d'ailleurs se fera progressivement en suivant l'ordre des Tableaux, puisque les diverses parties de ces morceaux se trouvent distribués successivement dans diverses classes, en ajoutant à leurs N.os *bis, ter et quater.*

C'est donc au Professeur à distribuer ces six divisions de travail, selon les circonstances particulières à son Ecole, de manière à éviter la cacophonie qui résulterait de chants différens et simultanés.

Lorsque la PRIÈRE (13.me CHOEUR) sera bien sûe par la majeure partie des Élèves, elle devra être chantée en Choeur général, au commencement de chaque Classe.

Si l'Ecole était nouvellement établie et peu nombreuse on modifierait proportionnellement toutes les dispositions précédentes, et même, si cela était indispensable, le Professeur et l'Instructeur général enseigneraient les classes supérieures. Cette réduction s'étendrait aussi provisoirement au nombre des Classes et des Tableaux, qu'on rétablirait successivement, dans les *Collèges* ou *Pensionnats,* en remplacement des précédens.

---

(1) Cela deviendrait encore plus facile, si chaque élève possédait un MANUEL in 8?, à l'aide duquel il pourrait d'ailleurs étudier sa partie et ses autres Leçons. Cette *étude particulière* suppléera avantageusement à la briéveté du tems consacré à l'enseignement général de l'Ecole.

En étudiant ainsi chez lui, l'élève fera des progrès beaucoup plus rapides, et son instruction acquerra des fondemens plus développés et plus solides. **A.)**

NOTIONS PRÉLIMINAIRES DE MUSIQUE.

L'Instructeur. Qu'est-ce que la MUSIQUE? – *L'Élève.* C'est un art a-gréable, dont l'effet est de plaire et de toucher par *des sons succes-sifs*; ce qu'on nomme MÉLODIE, ou bien *réunis:* ce qu'on appelle HAR-MONIE. – *I.* Comment écrit-on la musique? – *E.* Par la combinaison de sept *notes, Do, Ré, Mi, Fa, Sol, La, Si.* – *I.* Qu'est-ce que la *Portée?* – *E.* On nomme ainsi cinq *lignes* parallèles tracées horizontalement, et qui renferment par conséquent quatre *interlignes.*

EXEMPLE.

5ᵐᵉ Ligne........	
4ᵐᵉ Ligne.........	1ʳᵉ Interligne.
3ᵐᵉ Ligne.........	2ᵐᵉ Interligne.
2ᵐᵉ Ligne.........	3ᵐᵉ Interligne.
1ʳᵉ Ligne.........	4ᵐᵉ Interligne.

I. Qu'est-ce qu'une Clef? – *E.* C'est un signe indicatif de la position des notes sur la portée, selon la ligne sur laquelle elle est placée et à laquelle elle donne son nom. – *I.* Quelle est la Clef la plus usitée en France? – *E.* La clef de *Sol,* qui se place sur la seconde ligne. – *I.* En clef de Sol, comment nomme-t-on les notes qui se placent sur les cinq li-gnes? – *E. Mi,* sur la 1ʳᵉ ligne; *Sol,* sur la 2ᵐᵉ *Si;* sur la 3ᵐᵉ *Ré;* sur la 4ᵐᵉ; *Fa,* sur la 5ᵐᵉ.

(NOTA.) L'Instructeur montrera successivement avec la baguette chaque note des exem-ples suivans, et tous les élèves les nommeront au fur et à mesure qu'elles seront in-diquées.

Pour exercer les élèves à copier la musique, on leur fera écrire sur l'ardoise les six exercices suivans.

Appellation des *notes sur les cinq lignes.*

Iᵉʳ EXERCICE.

L'Inst: Quel est le nom des notes placées sur les quatre interlignes?
— *L'É.* **Fa**, sur le 1^r; **La** sur le 2e; **Do**, sur le 3e; **Mi**, sur le 4^e

Appellation des *notes sur les quatre interlignes.*

Appellation du mélange des *notes sur les cinq lignes et sur les quatre interlignes.*

PRINCIPALES NOTES *au dessus de la Portée.*

Appellation de ces *notes.*

L'Inst: N'y a-t-il pas des notes encore plus élevées? — *E.* Oui on les écrit comme les précédentes avec le signe 8ᵃ‐‐‐‐‐‐ qui les fait exécuter une octave plus haut.

Notes au *dessous de la Portée.*

Appellation de ces *notes.*

Appellation de toutes les notes précédentes.

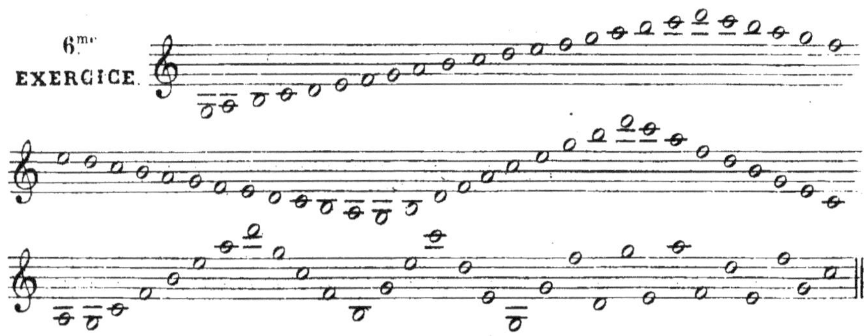

De la figure et de la valeur des Notes et de leurs silences.

I. Comment peut-on apprécier l'effet des notes? — *E.* Par leur durée qui se nomme *valeur* ou *rythme*, et par leur *intonation*, dont la distance respective est plus ou moins éloignée, et se nomme *intervalle.* — *I.* Comment s'indique la valeur des notes? — *E.* Par leur figure et par le nom qu'elles représentent. — *I.* Quelles sont les principales valeurs? — *E.* La *Ronde*, dont le *silence* est la *Pause*; La *Blanche*, dont le silence est la *Demi-pause*; la *Noire*, dont le silence est le *Soupir.*

EXEMPLES.

(A

I. Combien la Ronde vaut-elle de blanches?– *E.* Deux – *I.* Combien vaut-elle de Noires?– *E.* Quatre, ou leur silence – *I.* Combien la Blanche vaut-elle de Noires?– *E.* Deux, ou leur silence.

(*Nota.*) Selon le plan de cette Méthode, qui est de ne point surcharger d'avance et inutilement la mémoire des élèves de choses qu'ils n'ont pas besoin de connaître maintenant, il n'est pas encore question des *Croches*, *Doubles croches*, ni de leurs silences.

DE LA MESURE.

I. Qu'est-ce que la *mesure*? – *E.* C'est la division de la durée des notes ou des silences en plusieurs parties égales, qu'on nomme *temps*, et qui sont renfermés entre deux petites barres verticales.

EXEMPLE. 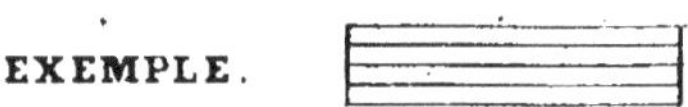

I. Qu'entend-on par *battre la mesure*? – *E.* C'est marquer également la division des temps par un mouvement de la main, ou du pied, comme le ferait régulièrement un balancier de pendule. – *I.* Combien y a-t-il de sortes de mesures? – *E.* Trois principales ou primitives: la *mesure à quatre temps*; la *mesure à deux temps*; et la *mesure à trois temps*.

EXEMPLES. 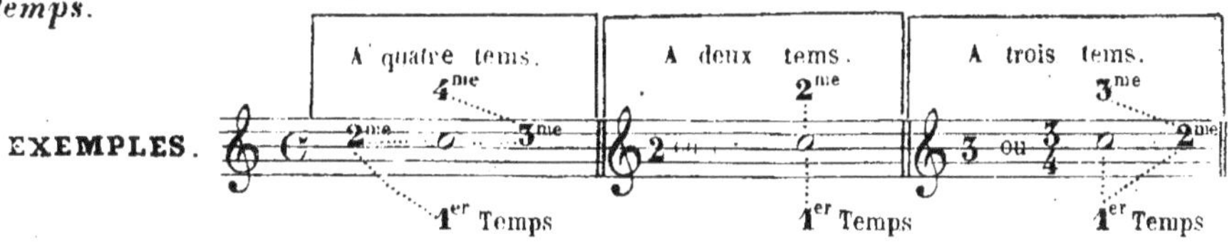

I. Dans la mesure à quatre temps, quelle est la valeur d'une mesure entière? – *E.* La Ronde ou la Pause, qui valent chacune quatre temps. – *I.* Quelle est la valeur de la Blanche ou de la Demi-pause? – *E.* Chacune vaut deux temps – *I.* Quelle est la valeur de la Noire ou du Soupir? – *E.* Un temps pour chaque – *I.* Comment indique-t-on le silence de plusieurs mesures? – *E.* Par de petits *bâtons* surmontés du chiffre du nombre de mesures qu'il faut passer sous silence.

EXEMPLE.

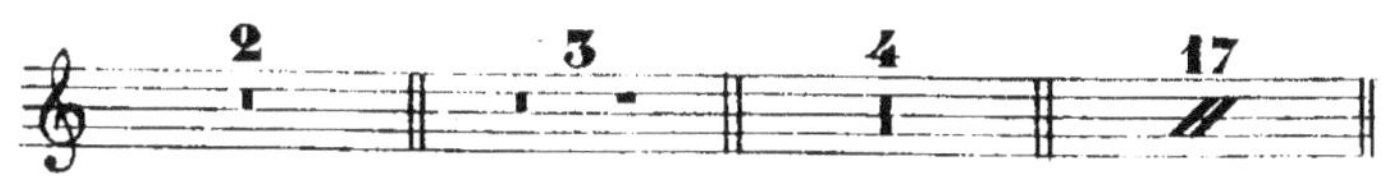

DES GAMMES.

I. Qu'est-ce qu'une *gamme?* – *E.* C'est une suite de notes par dégrés conjoints, qui montent dans leur ordre successif, depuis la note du ton ou *tonique* jusque cette même note à *l'octave,* et descendant ensuite dans l'ordre contraire jusqu'à la tonique. – *I.* Qu'est-ce que la *Gamme diatonique?* – *E.* C'est celle qui est toujours composée de cinq *tons* et deux *demi-tons.* – *I.* Où le premier de ces demi-tons se place-t-il? – *E.* Du troisième au quatrième dégré. – *I.* Et le second demi-ton? – *E.* Du septième au huitième dégré. – *I.* Pourquoi a-t-on donné le nom de *note sensible* à ce septième dégré? – *E.* Parceque cette septième note d'une gamme semble appeler le retour de la tonique ou de l'octave.

(Nota.) On doit toujours chercher à *disjoindre deux difficultés,* quand cela est possible. Ainsi donc, avant de faire solfier avec les intonations, il sera très utile de faire *solfier à la muette,* c'est-à-dire en battant la mesure et en prononçant seulement le nom des notes (et *un, deux, trois* pour les silences,) ou les paroles d'un morceau, *sans aucune intonation;* mais en observant strictement les valeurs. Dans les *demi-cercles,* ce premier genre d'étude doit toujours précéder celle des intonations d'un morceau.

En nommant les notes solfiées, les élèves doivent en soigner la *prononciation* et *l'articulation;* car cette attention devient une bonne préparation pour le *chant avec des paroles.* Comme il serait aussi inutile que ridicule de parler maintenant des *nuances* du chant, il suffira de faire toujours *solfier à demi-voix,* (mais en donnant au son un timbre pur et naturel) jusqu'au dégré d'avancement convenable pour leur emploi.

Les *mouvements* de ces Solféges ne doivent être expliqués que plus tard; on devra, en attendant, prendre pour tous *un mouvement assez modéré,* pour en rendre l'exécution plus facile.

Afin d'augmenter l'utilité de tous les *exercices Rythmiques* de cette méthode, les Instructeurs devront toujours employer la manière suivante: 1? *les faire copier* par les élèves, qui y ajouteront les barres de mesures; 2? *interroger* ceux-ci tour-à-tour sur le nombre de tons ou de demi-tons qui existent dans l'intervalle d'une note à une autre; 3? *faire solfier à la muette,* sans intonation chacun de ces exercices Rythmiques; 4? *les faire solfier avec les intonations,* si d'autres classes ne chantaient pas dans le même moment. Dans ce dernier cas, on remplirait la séance en adressant les mêmes questions d'intervalle sur d'autres N⁰ˢ de Solféges du même tableau.

(A

EXERCICE RYTHMIQUE.

ou de *Valeurs,* à mesurer et à solfier à la muette, en battant la mesure.

(N^ta) Chacun des **EXERCICES RYTHMIQUES** de cet ouvrage devra toujours être exercé selon l'indication précédente.

1re GAMME MAJEURE DIATONIQUE.

en *Rondes* et *Pauses,* qui valent quatre temps.

Ton de DO Majeur.

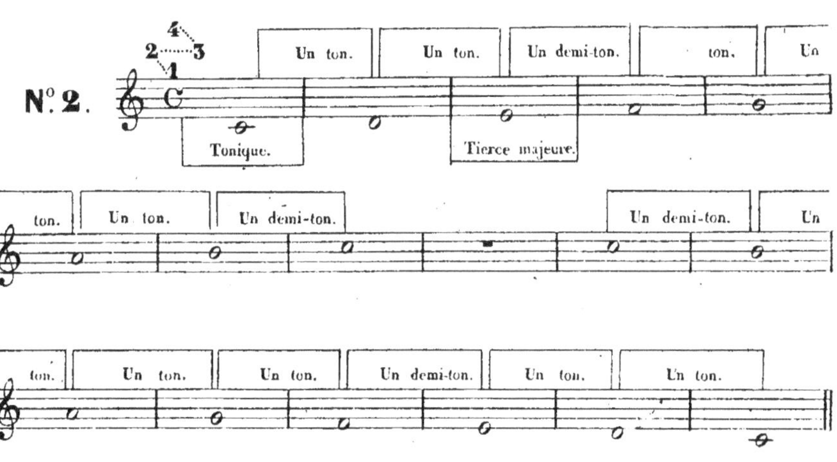

2me GAMME MAJEURE DIATONIQUE.

en *Blanches* et *Demi-pauses,* qui valent deux temps.

I. En quoi consiste les deux principales difficultés de la lecture musicale? – *E*. Dans la différence des *intonations* ou *intervalles*, et dans la différence des *valeurs* ou *Rythmes*. – *I*. Comment peut-on apprécier la différence des intervalles? – *E*. En examinant si la note suivante est la même; si elle est plus haute ou plus basse et plus ou moins éloignée; si elles se suivent dans l'ordre naturel de la Gamme. – *I*. Comment divise-t-on les intervalles? – *E*. En *intervalles naturels*, lorsqu'ils restent semblables à l'ordre naturel d'une Gamme majeure; en *intervalles altérés*, lorsqu'ils sont précédés de *Dièzes* ou de *Bémols* étrangers au ton de cette Gamme.

TABLEAU DES INTERVALLES NATURELS.

(Nota.) L'Instructeur adressera successivement à chaque élève des questions relatives au tableau précédent. Il expliquera qu'on doit prendre haleine pendant les silences, et que la *respiration* est une espèce de *ponctuation musicale* qu'on indique par une virgule (?). Puis, après avoir solfié lui-même, dans un mouvement modéré, le Numéro suivant, il le fera recommencer par l'élève, N.º 1 de la classe, et ensuite plusieurs fois en chœur par tous les élèves de cette classe. Cette même manière d'étudier doit être adoptée et suivie pour tous les N.ºs de cette Méthode. Cette règle, ainsi que d'autres analogues, doivent toujours être observée avec soin, pour l'amélioration de l'enseignement.

(A

Intervalle de SECONDE.

Une *Blanche* ou une *Demi-pause* pour deux temps.

N.º 4.

N.º 5.

A mesurer, (comme pour le N.º 1. précédent.) on agira de même pour tous les *Exercices Rythmiques* de cette *MÉTHODE*.

EXERCICE RYTHMIQUE.

Une *Noire* ou un *Soupir* pour chaque tems.

N.º 6.

Une *Noire* pour chaque temps.

(Nota) L'un des meilleurs moyens de familiariser l'oreille de l'élève avec l'intonation des divers intervalles est de faire entendre préalablement cette intonation par une partie précédente. C'est dans ce but qu'ont été composées les *Imitations à deux voix* suivantes, dont chaque phrase se répète toujours par la seconde voix *avec les mêmes intervalles et valeurs*, à une ou plusieurs mesures de distance, comme dans ce qu'on appelle *CANON*.

Une seule partie de ces *Imitations*, *Solféges* ou *Chœurs* est notée sur le Tableau qui est convenable à chaque Classe. Les autres parties se trouvent successivement dans d'autres Tableaux supérieurs, la *Partition* des Morceaux à plusieurs voix n'existe que dans le **MANUEL IN 8°.** (1) Donc, pour les élèves de divers dégrés, l'étude de cette seule partie ne sera pas plus difficile que celle d'un Solfège ordinaire; mais ce n'est qu'après avoir été parfaitement sûe qu'il faudra joindre plusieurs Classes ensemble; et il sera bien d'empêcher d'abord d'y concourir les élèves qui en gâteraient le bon ensemble par défaut d'intelligence ou de justesse dans la voix.

(1) Dans les Morceaux à *plusieurs parties*, la partie inférieure sera indiquée *par son N°. simple*; celle au dessus par *bis* ajouté au même N°.; celle au dessus par *ter*; et, pour les *CHŒUR* a 4 *voix*, celle qui sera supérieure par *qt.*

(A.

PREMIÈRE IMITATION.

à 2 Voix, sur l'intervalle de SECONDE.

2me IMITATION à 2 Voix, sur l'intervalle de SECONDE.

2me GAMME à 2 *Voix* et ACCORD PARFAIT du Ton de DO Majeur.

(1re *Partie:* 1re Classe, 7me Tableau, N° 11 bis.)

N° 11

(2de *Partie:* 1re Classe, 3me Tableau, N° 11.)

SOLFÈGE à 2 *Voix*, sur l'intervalle de SECONDE.

(1re *Partie:* 1re Classe, 7me Tableau, N° 12 bis.)

N° 12

(2de *Partie:* 1re Classe, 3me Tableau, N° 12.)

SOLFÈGE à 2 *Voix*, sur l'intervalle de SECONDE.

SOLFÈGE à 3 *Voix*, sur l'intervalle de SECONDE.

SOLFÈGE à 3 *Voix* sur l'intervalle de SECONDE.

(A.

Des CHOEURS *avec Paroles*.

(NOTA.) Les élèves, qui auront bien compris et solfié exactement tout ce qui précède, ne trouveront guères plus de difficulté à ajouter quelques paroles à de nouvelles Leçons sur les valeurs et les intervalles qu'ils connaissent déja fort bien.

En donnant ici quelques notions élémentaires à cet égard, on comprendra qu'il serait déplacé de faire un amalgamme inutile des questions de vocalisation qui sont spécialément du domaine d'une MÉTHODE DE CHANT (1) Seulement, après leur avoir adressé les questions suivantes, on devra obtenir des élèves la bonne exécution des préceptes qui y sont énoncés.

I. Qu'entend-t'on par *attaquer le son?* – *E.* C'est le commencer de suite dans son intonation précise, sans y arriver par aucune trainée.– *I.* Quelle qualité doit avoir le son?– *E.* Il doit être pur et naturel, sans jamais le forcer et l'écraser, et surtout sans qu'il soit jamais émis du nez ou de la gorge; enfin, il faut qu'il soit juste et exempt de tout effet désagréable.– *I.* Quelle est la posture convenable pour chanter?– *E.* Se tenir droit, la bouche souriante et ouverte selon les syllabes des paroles; éviter toute grimace et balancement de la tête ou du corps.– *I.* Que doit on observer relativement aux paroles?– *E.* Il faut que la *prononciation* et *l'articulation* soient encore plus distinctes dans le chant que dans la conversation. – *I.* Pourquoi? – *E.* Parceque l'émission du son vocal produisant l'effet de les atténuer un peu, les paroles seraient médiocrement comprises si l'on n'y apportait encore plus de soin. (2) – *I.* Les *paroles mises sous la musique* ne donnent-t-elles point lieu à quelque autre observation? – *E.* Chaque syllabe se chante sous chaque note, excepté les cas où une seule syllabe est placée sous plusieurs notes avec une liaison, ⌒ alors ces diverses notes se chantent sur cette seule syllabe.

---

(1) Voyez MÉTHODE COMPLÈTE DE CHANT, Op: 40, 2de Édition, approuvée par l'Institut.(P.50f)

(2) Voyez 52 ÉTUDES DE PRONONCIATION ET D'ARTICULATION *dans le chant français,* sous les formes d'*Airs, Cavatines, Romances, Récitatifs.* Il y a 2 ÉTUDES SPÉCIALES sur chaque *Voyelle, Consonne ou Son vocal* Op:52. 20!

(Nota.) L'Instructeur lira distinctement chaque vers; l'élève le répètera, et ensuite toute la classe prononcera ensemble et lentement à demi-voix chaque mot, avant de chanter. Le même genre d'exercice devra avoir lieu avant de commencer chacun des CHŒURS de cette MÉTHODE; chaque Chœur devra préalablement être *bien sû comme Solfège*, et ce n'est que dans ce cas qu'on y ajoutera des paroles.

1ᵉʳ CHOEUR *à l'unisson*, par toute la Classe, sur la GAMME diatonique, en DO Majeur.

(Nota.) Un mouvement très modéré sera toujours indiqué pour ces premiers CHŒURS.

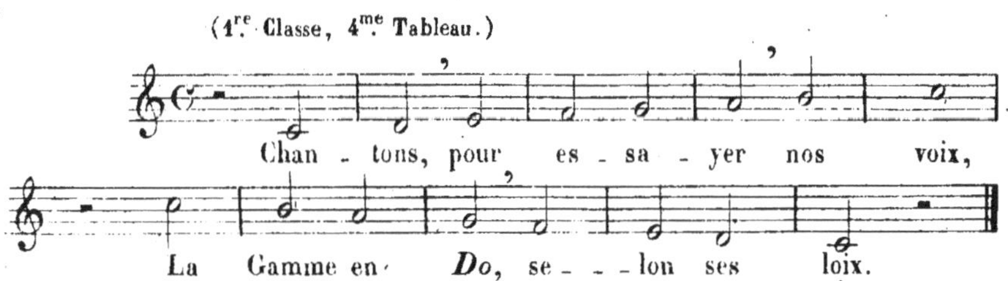

2ᵈ CHOEUR *à 2 Voix* sur l'intervalle de SECONDE.

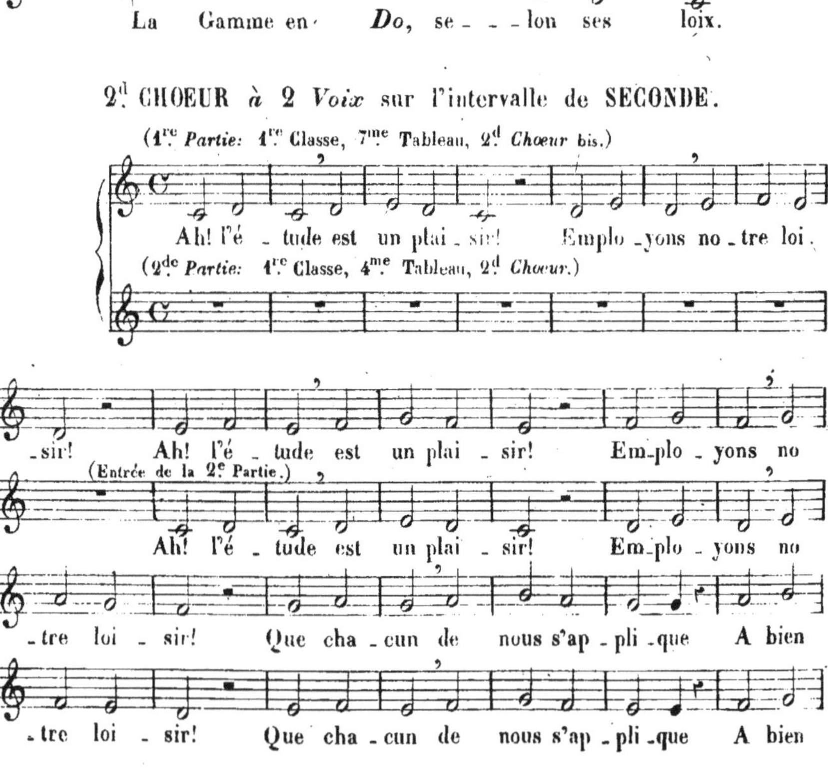

(A.

li _ re la mu _ si _ que. Ah! l'é _ tude est un plai _ sir!
li _ re la mu _ si _ que. Ah! l'é _ tude est un plai _ sir!
Em _ plo _ yons no _ tre loi _ sir! Que cha _ cun de nous s'ap _
Em _ plo _ yons no _ tre loi _ sir! Que cha _ cun de nous s'ap _
_ pli _ que A bien li _ re la mu _ si _ que. Ah! l'é
_ pli _ que A bien li _ re la mu _ si _ que. Ah! l'é
_ tude est un plai _ sir! Emplo _ yons no _ tre loi
_ tude est un plai _ sir! Emplo _ yons no _ tre loi
_ sir! Que cha _ cun de nous s'ap _ pli _ que A bien
_ sir! Que cha _ cun de nous s'ap _ pli _ que A bien
li _ re la mu _ si _ que, la mu _ si _ que!
li _ re la mu _ si _ que, la mu _ si _ que!

Intervalle de TIERCE. (2 Tons.)

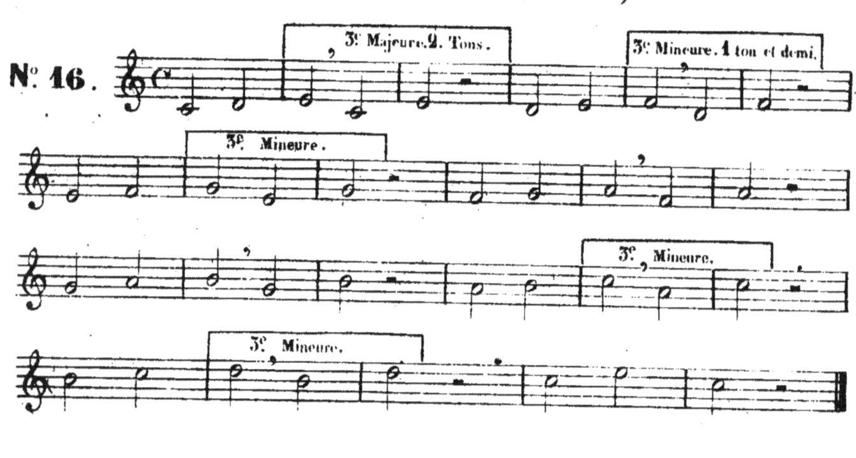

4.ᵐᵉ GAMME à 2 Voix, et Accord Parfait du ton de DO Majeur.

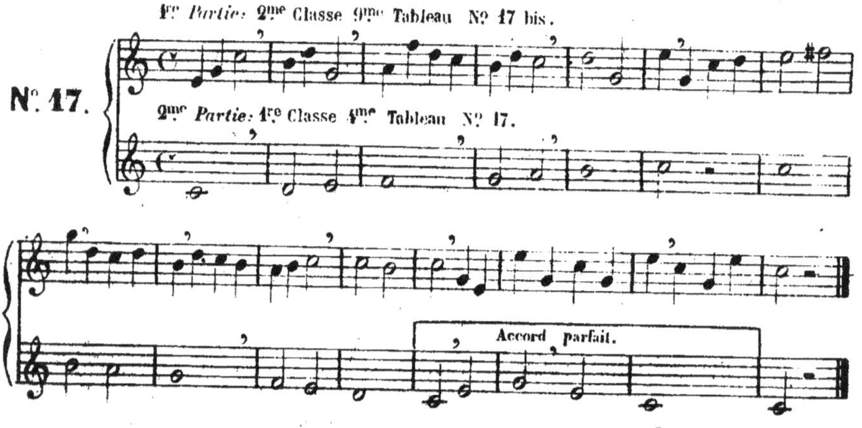

(A. G.

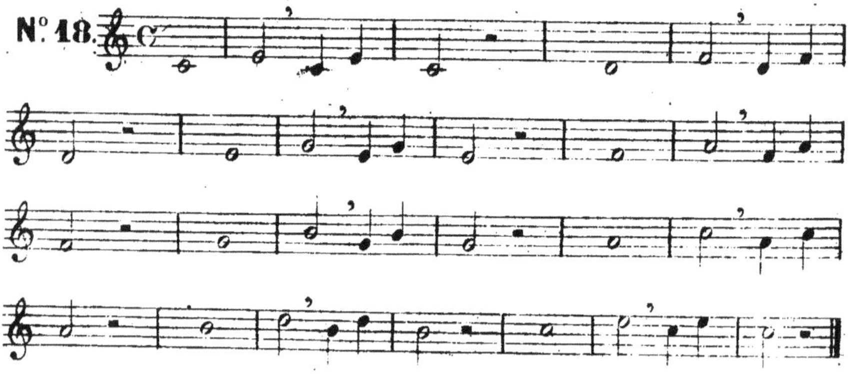

N.º 19.

N.º 20.

N.º 21.

1ᵉʳᵉ Imitation à 2 Voix, sur l'intervalle de TIERCE.

(1ʳᵉ *Partie:* 2ᵐᵉ Classe, 9ᵐᵉ Tableau, N.º 22 bis.)

N.º 22.

2de Imitation à 2 *Voix*, sur l'intervalle de TIERCE.

(1re Partie: 2me Classe, 9me Tableau, N.º 23 bis.)

N.º 23.

(2de Partie: 1re Classe, 5me Tableau, N.º 23.)
(Entrée de la 2de Partie.)

MESURE À DEUX TEMPS.

I. Quelle est la différence de la Mesure à Deux temps avec celle à Quatre temps? — *E.* Les valeurs en sont les mêmes; mais on la bat à deux temps. — *I.* Combien de temps vaut la Ronde? — *E.* Deux. — *I.* Et la Blanche? — *E.* Un temps, ainsi que la Demi-pause. — *I.* Combien faut-il de Noires pour chaque temps? — *E.* Deux, ou une Noire et un Soupir.

EXERCICE RYTHMIQUE sur la MESURE À DEUX TEMPS.

N.º 24.

SOLFÈGE à 2 *Voix*, sur l'intervalle de TIERCE.

(1re Partie: 2me Classe, 9me Tableau, N.º 25 bis.)

N.º 25.

(2de Partie: 1re Classe, 5me Tableau, N.º 25.)   (Entrée de la 2de Partie.)

SOLFÈGE à 2 Voix, sur l'intervalle de TIERCE.
(1re Partie 2me Classe, 9me Tableau, N° 26 bis.)
(2e Partie 1re Classe, 5me Tableau, N° 26.)
N° 26.

SOLFÈGE à 3 Voix, sur l'intervalle de TIERCE.

SOLFÈGE à 3 Voix, sur l'intervalle de TIERCE.

3me CHOEUR à 2 Voix, sur l'intervalle de TIERCE.

(1re Partie, 2me Classe, 10me Tableau. 3me CHOEUR bis.)

(A.

Que des notes la fi-gure Indique les mouvemens! Pour solfi-er en mesu-re,
Que des notes la fi-gure Indique les mouvemens! Pour solfi-er en mesu-re,
Il faut compter chaque tems. Que des no-tes la fi-gu-re, Que des no-tes
Il faut compter chaque tems. Que des no-tes la fi-gu-re, Que des no-tes
la fi-gure In - dique les mouve - mens, les mouve - mens!
la fi-gure In - dique les mouve - mens, les mouve - mens!
5me GAMME à 2 Voix et ACCORD PARFAIT du ton de DO majeur.
(1re Partie: 2me Classe, 8me Tableau, No. 29 bis.)
No. 29.
(2e Partie: 1re Classe, 5me Tableau, No. 29.)
Accord parfait.

Intervalle de QUARTE.

2 Tons et demi.

(A

N.º 34.
1ʳᵉ IMITATION à 2 Voix, sur l'intervalle de QUARTE.
(1.ʳᵉ Partie: 2.ᵐᵉ Classe. 12.ᵐᵉ Tableau, N.º 35 bis.)
N.º 35.
(2.ᵐᵉ Partie: 1.ʳᵉ Classe, 6.ᵐᵉ Tableau, N.º 35.)
Entrée de la 1.ʳᵉ Partie.

2de IMITATION à 2 *Voix*, sur l'intervalle de QUARTE.

(1.re Partie: 2.me Classe, 12.me Tableau, N.º 56 bis.)

N.º 56.

(2.me Partie: 1.re Classe, 6.me Tableau, N.º 56.)

SOLFÈGE à 2 *Voix*, sur l'intervalle de QUARTE.

(1.re Partie: 2.me Classe, 12.me Tableau, N.º 37 bis.)

N.º 37.

(2.me Partie: 1.re Classe, 6.me Tableau, N.º 37.)

SOLFÈGE à 2 *Voix*, sur l'intervalle de QUARTE.
(1.re *Partie:* 2.me Classe, 12.me Tableau, N.o 38 bis.)
N.o 38.
(2.me *Partie:* 1.re Classe, 6.me Tableau, N.o 38.)

SOLFÈGE à 3 *Voix*, sur l'intervalle de QUARTE.

N.º 39.

(A

SOLFÈGE à 3 Voix, sur l'intervalle de QUARTE.

(1re Partie: 3me Classe, 18me Tableau, No 40 ter.)

No 40.

(2me Partie: 2me Classe, 12me Tableau, No 40 bis.)

(3me Partie: 1re Classe, 6me Tableau, No 40.)

4me CHŒUR à 2 Voix, sur l'intervalle de QUARTE.

(1re Partie: 2me Classe, 11me Tableau, 4me CHŒUR bis.)

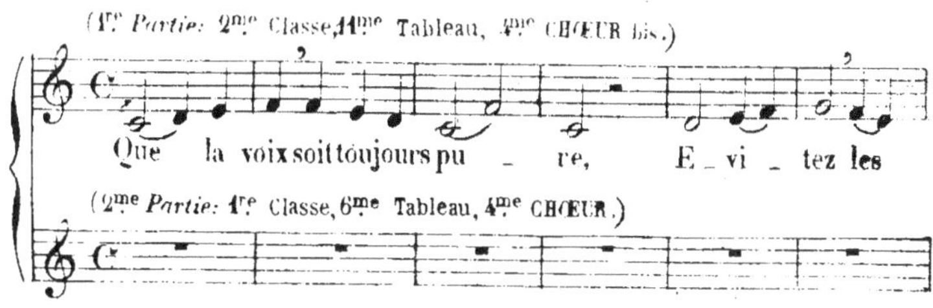

(2me Partie: 1re Classe, 6me Tableau, 4me CHŒUR.)

sons trem _ blans. Que la voix soit toujours pu _ _ re,
Que la voix soit toujours pu _ _ re,
E _ vi _ _ tez les sons trem _ blans, Et re_cher_
E _ vi _ _ tez les sons trem _ blans, Et re_cher_
_chez la na _tu _ _ re Pour mieux di _ ri _ ger vos
_chez la na _ tu _ _ re Pour mieux , di _ ri _ ger vos
chants. Re _ cherchez la na _ tu_rePourmieux di_ri_ger vos chants, Re _
chants. Re _ cher _ chez, re cherchez la na_tu _ re Pourmieuxdiri _
cherchez la na _ tu_re Pour mieux di _ ri _ ger vos chants,Que la
_ ger vos chants, Pourmieux di_ri _ ger vos chants, vos chants. Que la
voix soit tou _ jours pu_re, E_vi_tez les sons trem_blans!
voix soit tou_jours pu_re, E_vi _ tez les sons tremblans!

(4.

6.ᵐᵉ **GAMME** à 3 *Voix* et **ACCORD PARFAIT** du ton de DO majeur.

Intervalle de QUINTE.

(3 Tons et demi.)

Mesure à DEUX TEMS.

_ EXERCICE RYTHMIQUE sur les N.⁰ˢ 44 à 46: mêmes valeurs que dans la mesure à QUATRE TEMS; mais elle se bat seulement avec le tems frappé et le tems levé.

(A.

Des CROCHES et des DEMI-SOUPIRS.

I. Quelle est la valeur de la *Croche?* — *E.* Elle vaut la moitié d'une Noire. — *I.* Qu'est-ce qu'un *Demi soupir?* — *E.* C'est le silence de la Croche. — *I.* Dans la Mesure *à quatre tems*, combien faut-il de croches pour un tems? — *E.* Deux. — *I.* Combien en faut-il dans la Mesure à 2 tems? — *E.* Quatre.

(NOTA.) Faire des questions relatives au Tableau:

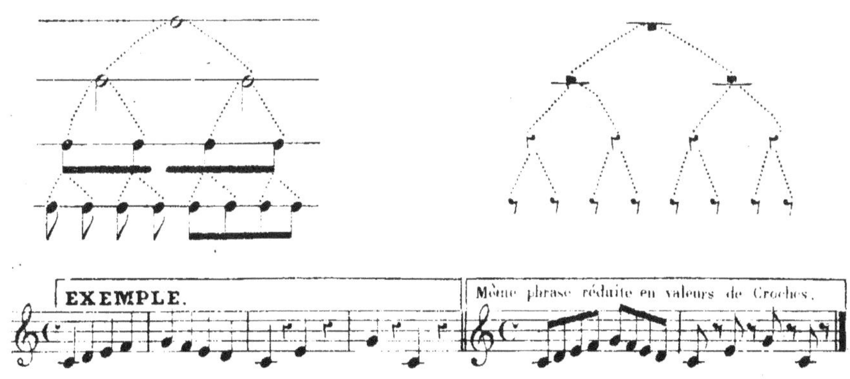

EXERCICE RYTHMIQUE, à mesurer et à solfier.

1ᵉ IMITATION à 2 *Voix*, sur l'intervalle de QUINTE.

deux croches pour chaque tems.

N°. 48.

2ᵐᵉ IMITATION à 2 *Voix* sur l'intervalle de QUINTE.

deux croches ou un demi-soupir et une croche pour un tems.

N°. 49.

(A.

SOLFÈGE à 2 Voix, sur l'intervalle de QUINTE.
(1.re Partie: 2me Classe, 14me Tableau, No 50 bis.)
No 50.
(2me Partie: 1re Classe, 8me Tableau, No 50.)
(A.)

SOLFÈGE à 2 Voix, sur l'intervalle de QUINTE.
(1re Partie: 1re Classe, 8me Tableau, No 51 bis.)
No 51.
(2me Partie: 2me Classe, 14me Tableau, No 51.)
SOLFÈGE à 3 Voix, sur l'intervalle de QUINTE.
(1re Partie: 3me Classe, 18me Tableau, No 52 ter.)
No 52.
(2me Partie: 2me Classe, 14me Tableau, No 52 bis.)
(3me Partie: 2me Classe, 9me Tableau, No 52.)
(A

SOLFÈGE à 3 Voix, sur l'intervalle de QUINTE.
(1re Partie: 3me Classe,18e Tableau, No 53 ter.)
(2me Partie: 2me Classe,14e Tableau, No 53 bis.)
No 53.
(3me Partie: 2me Classe,9me Tableau , No 53.)

5me CHŒUR à 2 Voix, sur l'intervalle de QUINTE.
(1re Partie: 2me Classe, 11e Tableau, 5e CHŒUR bis.)
Que le goût soit notre gui _ _ de! Obser_
(2me Partie: 2me Classe, 9e Tableau.)
Que le goût soit no_tre gui_de!
vous tou_jours ses loix; Et que son char_me pré_
Ob_ser_vons tou _ jours ses loix; Et que son
_si _ _ de Aux suc _ cès de no _ _ tre voix!
char _ me pré_ si_de Aux suc _ cès de no _ tre
Que le goût - soit no _ _ tre gui _ _ _ de! Ob ser_
voix! Que le goût soit no _ tre gui_de! Ob ser_
vous tou _ jours ses loix, Et que son charme pré _ si _ de Aux suc_
vous tou_jours ses loix, Et que son char _ me pré_
_ cès de no_tre voix, Aux suc_cès de no_tre voix!
_si _ _ de Aux suc_cès de no _ tre voix!

(A'.

7me GAMME à 3 Voix et ACCORD PARFAIT du ton de DO.
(1re Partie 3me Classe, 18e Tableau, No 54 ter.)
(2me Partie: 2me Classe, 12e Tableau, No 54 bis.)
No 54.
(3me Partie: 2me Classe, 10e Tableau, No 54.)
Intervalle de SIXTE.
(4 Tons et demi)
No 55.
Sixte mineure
3 Tons et 2 demi-tons

EXERCICE RYTHMIQUE sur la Mesure à DEUX TEMS (à mesure,&)

N.º 56.

N.º 57.

N.º 58.

N.º 59.

N.º 60.

1re IMITATION à 2 Voix, sur l'intervalle de SIXTE.

(1re Partie: 2me Classe, 14me Tableau, N? 61 bis.)

N? 61.

(2me Partie: 2me Classe, 10me Tableau.)

2me IMITATION à 2 Voix, sur l'intervalle de SIXTE.

(1re Partie: 2me Classe, 14me Tableau, N? 62 bis.)

N? 62.

(2me Partie: 2me Classe, 10me Tableau, N? 62.)

1er SOLFÈGE à 2 *Voix*, sur l'intervalle de SIXTE.

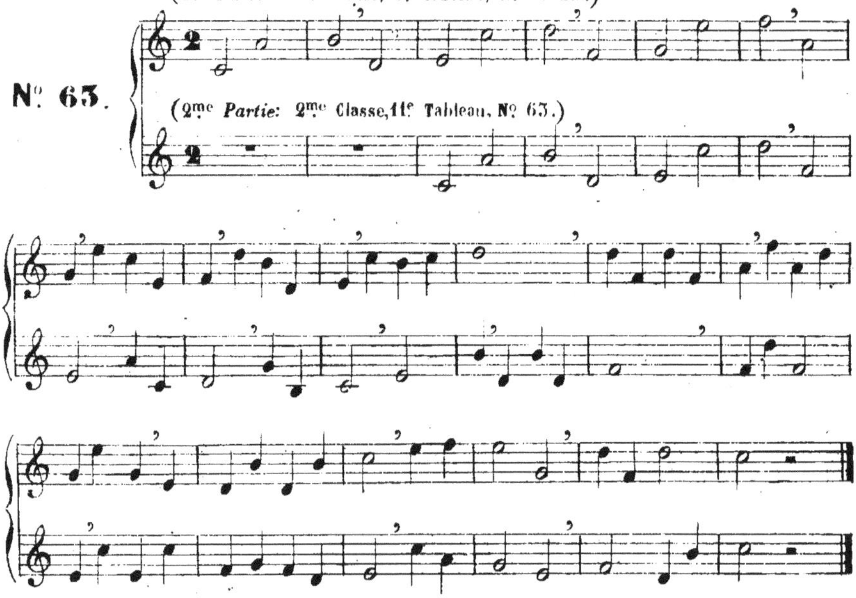

2me SOLFÈGE à 2 *Voix*, sur l'intervalle de SIXTE.

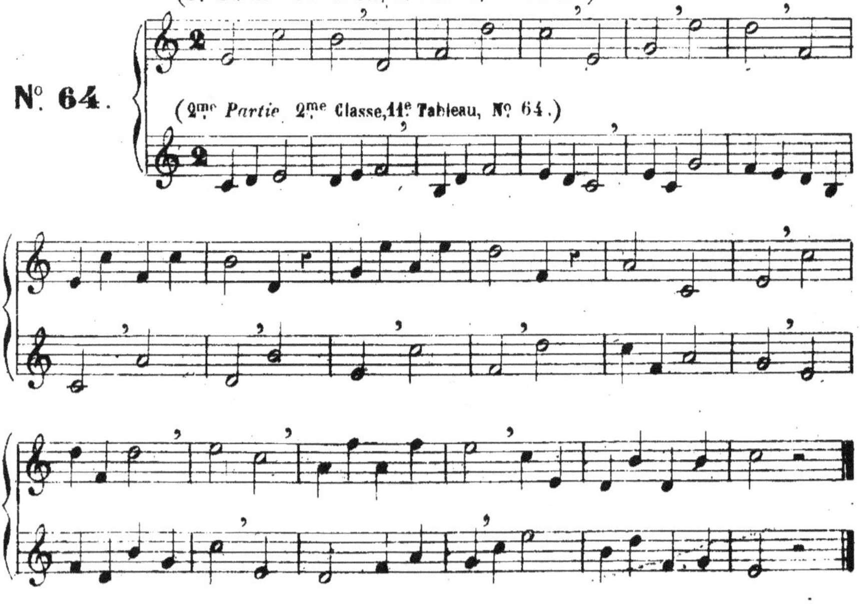

SOLFÈGE à 3 Voix sur l'intervalle de SIXTE.

2.me SOLFÈGE à 3 Voix sur l'intervalle de SIXTE.
(1.re Partie 3.me Classe, 18.e Tableau, N.º 66 ter.)
(2.me Partie 2.me Classe, 15.e Tableau, N.º 66 bis.)
N 46.
(3.me Partie 2.me Classe, 11.e Tableau, N.º 66.)
(1.re Partie 3.me Classe, 18.e Tableau, N.º 66 ter.)

6.ᵐᵉ CHŒUR à 2 Voix, sur l'intervalle de SIXTE.

A

8.me GAMME à 3 *Voix*, du ton de DO Majeur.

Intervalle de SEPTIÈME

(5 Tons et demi)

(A.

Du POINT ou point D'ACCROISSEMENT.

I.—Les notes et les silences suivies d'un point n'ont-t'elles pas une valeur différente?—*E.* Oui, ce point placé après une note ou un silence augmente leur valeur de moitié.—*I.* Donnez un exemple?—*E.* La Blanche valant deux noires, elle en vaut trois lorsqu'elle est pointée; La noire valant deux croches, elle en vaut trois lorsqu'elle est pointée. La même règle a lieu relativement aux valeurs des silences.—*I.* Quel effet produit la Blanche pointée dans la Mesure à quatre tems?—*E.* Elle vaut trois tems.—*I.* Et la noire pointée? *E.*—Elle vaut un tems et demi.—*I.* Quel effet produit la Blanche pointée dans la Mesure à deux tems?—*E.* Elle vaut un tems et demi.—*I.* Et la noire pointée?—*E.* Elle vaut trois quarts de tems.

Valeurs du *Point* dans la Mesure à QUATRE TEMS.

Valeurs du *Point* dans la Mesure à DEUX TEMS.

(A.)

EXERCICE RYTHMIQUE à mesurer &.

N.° 71.

Une BLANCHE POINTÉE pour trois tems.

N.° 72.

Une BLANCHE POINTÉE pour un tems et demi.

N.° 73.

1.re IMITATION à 2 *Voix* sur l'intervalle de SEPTIÈME.
(1.re *Partie:* 2.me Classe, 15.me Tableau, N.° 74 bis.)

N.° 74.

2ᵐᵉ IMITATION à 2 Voix sur l'intervalle de SEPTIÈME.
(1ʳᵉ Partie: 2ᵐᵉ Classe, 15ᵐᵉ Tableau, N.º 75 bis.)
(2ᵐᵉ Partie: 2ᵐᵉ Classe, 15ᵐᵉ Tableau, N.º 75.)
N.º 75.

68

SOLFÈGE à 2 Voix sur l'intervalle de SEPTIÈME.
(1re Partie: 2me Classe, 15me Tableau, No 76 bis.)

No 76.

(2me Partie: 2me Classe, 13me Tableau, No 76.)

SOLFEGE à 2 Voix, sur l'intervalle de SEPTIÈME.
(1re Partie: 2me Classe, 15me Tableau, No 77 bis.)

No 77.

(2me Partie: 2me Classe, 13e Tableau, No 77.)

SOLFÈGE à 3 Voix sur l'intervalle de SEPTIEME.
(1re Partie: 3me Classe, 19me Tableau, No 78 ter.)
(2me Partie: 2me Classe, 15me Tableau, No 78 bis.)
(3me Partie: 2me Classe, 13e Tableau, No 78.)
No 78.
A.)

SOLFÈGE à 3 *Voix*, sur l'intervalle de SEPTIÈME.

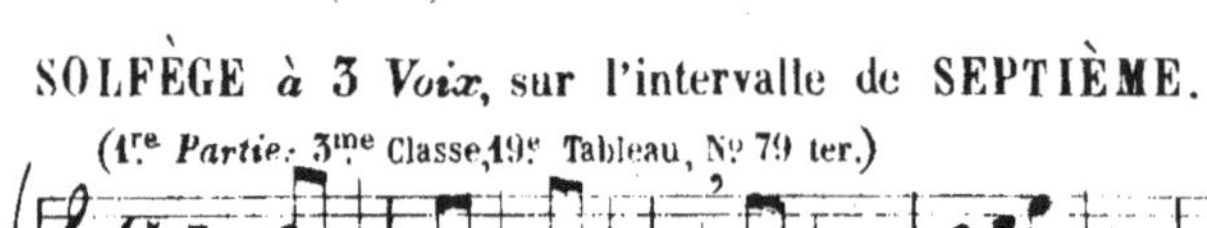

No 79.

7me CHOEUR à 2 *Voix*, sur l'intervalle de SEPTIÈME.

9ᵐᵉ GAMME à 3 *Voix*, en DO Majeur.
(1ʳᵉ *Partie:* 3ᵐᵉ Classe, 19ᵐᵉ Tableau, Nº 80 ter.)

Nº 80.
(2ᵐᵉ *Partie:* 3ᵐᵉ Classe, 17ᵉ Tableau, Nº 80 bis.)

(3ᵐᵉ *Partie:* 2ᵐᵉ Classe, 15ᵉ Tableau, Nº 80.)

Intervalle d'OCTAVE.
(5 Tons et 2 demi-tons.)

Nº 81.

MESURE À DEUX QUATRE.

I. Quelles sont les valeurs de cette Mesure?—*E.* Elles ne sont que la moitié de celles des Mesures à *Quatre tems* et à *Deux tems.*—*I.* Comment se bat-elle?—*E.* À deux tems.—*I.* Quelle valeur en forme la mesure entière?—*E.* Une Blanche ou deux noires, & (1) *I.* Quelle est la valeur d'un tems.—*E.* Une Noire ou un soupir, ou bien deux croches, &

EXEMPLES.

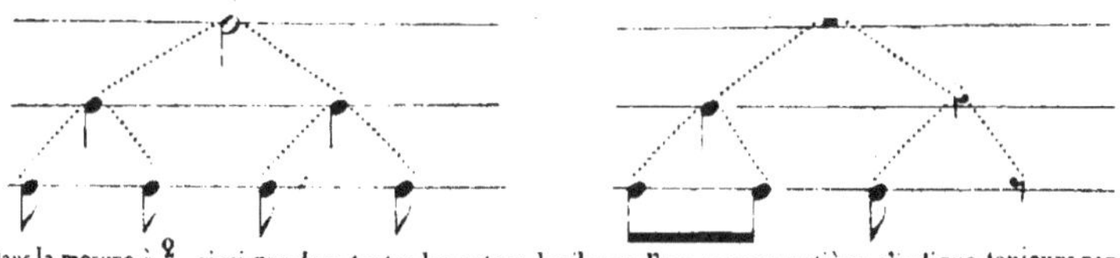

·**A.**·)(**1**) Dans la mesure à $\frac{2}{4}$, ainsi que dans toutes les autres, le silence d'une mesure entière s'indique toujours par une pause.

EXERCICE RYTHMIQUE à *Mesurer*, &.

(A. 6

2.me IMITATION à 2 Voix, sur l'intervalle d'OCTAVE.
1.re Partie: 3.me Classe,17.me Tableau, N.o 85 bis.
N.o 85.
2.me Partie: 2.me Classe,16.me Tableau, N.o 85.
SOLFÈGE à 2 Voix, sur l'intervalle d'OCTAVE.
1.re Partie: 3.me Classe,17.me Tableau, N.o 86 bis.
N.o 86.
2.me Partie: 2.me Classe,16.me Tableau, N.o 86.
SOLFÈGE à 2 Voix, sur l'intervalle d'OCTAVE.
1.re Partie: 3.me Classe,17.me Tableau, N.o 87 bis.
N.o 87.
2.me Partie: 2.me Classe,16.me Tableau, N.o 87.

SOLFÈGE à 3 Voix sur l'intervalle d'OCTAVE.

(1re *Partie*: 3me Classe, 19me Tableau, No 88 ter.)

No 88.

(2me *Partie*: 3me Classe, 17e Tableau, No 88 bis.)

(3me *Partie*: 2me Classe, 16e Tableau, No 88.)

SOLFÈGE à 3 Voix, sur l'intervalle d'OCTAVE.

(1re *Partie*: 3me Classe, 19me Tableau, No 89.

No 89.

(2me *Partie*: 3me Classe, 17me Tableau, No 89.

(3me *Partie*: 2me Classe, 16me Tableau, No 89.)

I. Qu'est-ce que l'intervalle de *Neuvième* majeure?_E. C'est *l'octave* supérieure ou inférieure de la *Seconde.*_I. De combien de tons est-il composé? E. de 6 Tons et 2 demi-tons.

Intervalle de NEUVIÈME.
(6 Tons et 2 demi-tons.)

*I.—*Qu'est-ce que l'intervalle de *Dixième* majeure?—*E.* C'est *l'octave* supérieure ou inférieure de la *Tierce.—I.* De combien de tons est il composé? *E.* De 7 tons et 2 demi-tons.

Intervalle de DIXIÈME
(7 Tons et 2 demi-tons.)

RÉCAPITULATION de tous les **INTERVALLES NATURELS** qui précèdent.
(NOTA.) Il faut faire des questions aux élèves sur le nombre de tons et demi-tons de chacun de ces intervalles.

(NOTA.) Toutes les Leçons précédentes concernent principalement *l'intonation des Intervalles naturels;* mais, même avant de parler des *Intervalles altérés,* on doit faire connaître le premier *Dièze* et le premier *Bécarre,* qu'on à été forcé d'employer dans les Leçons des N°. suivans.

I. Quel est l'effet produit par un *Dièze* placé devant une note? *E.* De la hausser d'un demi ton. *I.* Quel est l'effet du *Bécarre? E.* De replacer cette note dans son intonation naturelle.

SOLFÈGES sur le premier **DIÈZE** et sur le premier **BÉCARRE**

9.ᵐᵉ CHOEUR à 3 *Voix*, sur les INTERVALLES.

(A.

Diverses valeurs des Mesures À QUATRE TEMS et À DEUX TEMS.
EXERCICE RYTHMIQUE *à Mesurer* &.

IMITATIONS DE MÉLODIE.

(NOTA) Pour mieux activer les progrès, j'engagé les Professeurs à saisir les occasions de faire remarquer aux élèves les *Imitations de Mélodie* ou ces espèces de *réponses* à la mesure ou phrases précédentes. Cette attention augmentera les facilités de la Lecture musicale, en se familiarisant avec ces sortes de *phrases imitatives* qu'on pourrait presque deviner d'avance, et qui se rencontrent fréquemment dans toûte espèce de Musique. La Leçon suivante, et celles du même genre sont composées de manière à devenir une utile introduction à l'habitude de reconnaitre, comme *Valeurs* et comme *Intervalles*, de telles phrases, dont la seconde mesure est toujours une réponse de la première.

Quand la mesure portera la double indication C ou 2, on pourra la battre alternativement des deux manières: la valeur en étant la même.

IMITATIONS DE MÉLODIE.
sur les valeurs précédentes.

RÉCAPITULATIONS DES VALEURS PRÉCÉDENTES.

DES MOUVEMENS.

I. Qu'entend-on par *Mouvement?__E.* C'est le dégré de *Lenteur* ou de *Vitesse* qu'on donne à la mesure.__*I.* Comment les mouvemens sont ils indiqués?__*E.* Par le Métronome, ou par un ou plusieurs mots Italiens qui sont placés en tête de chaque morceau.__*I.* Comment divise-t-on les mouvemens?__*E.* En trois classes principales: les mouvemens *lents* ou *modérés* ou *vifs.*__*I.* Quelles sont les indications et significations des mouvemens lents?*__E.* GRAVE ou *grave et Sévère;* LARGO, *large et tres lent,* LARGHETTO, *un peu moins lent;* LENTO SOSTENUTO, *lent et soutenu;* ADAGIO, *lent avec noblesse;* CANTABILE, *un peu moins lent, en chantant avec grace.__I.* Quels sont les mouvemens modérés?__*E.* ANDANTINO, *diminutif* d'ANDANTE; SICILIANO, *dont le Rythme est plus marqué;* MAESTOSO, *majestueux;* GRAZIOSO; *avec grâce;* ANDANTE, *mouvement plus animé;* ALLEGRETTO, ou ALL^{to} *moins vite que* l'ALLEGRO; TEMPO DI MARCIA, *mouvement de marche;* MODERATO, *moins vite que* l'ALLEGRO.__*I.* Quels sont les mouvemens vifs?__*E.* ALLEGRO ou PRESTO, mouvemens dont le dernier est encore plus rapide.__*I.* Le mouvement ALLEGRO n'est-ilpoint susceptible de diverses modifications?__*E.* Oui, on peut l'accroitre en y ajoutant les mots: ASSAI, ou VIVACE, ou MOLTO, ou CON MOTO.__*I.* N'y a-t-il pas encore d'autres mots Italiens adoptés aux mouvemens?__*E.* Oui, ce sont SOSTENUTO, *soutenu;* AGITATO, *agité;* PIU MOSSO, *plus animé;* CON BRIO, *avec éclat et gaité;* SCHERZANDO, *en plaisantant,* &__*I.* Dans le courant d'un morceau ne trouve-t'on pas quelques autres indications?__*E.* Oui, ce sont: RITARDANDO, *en retardant;* AD LIBITUM ou A PIACERE, *à volonté;* COLLA PARTE ou COLLA VOCE, *suivez la voix;* A TEMPO, *reprenez le mouvement,* &.

EXERCICE RYTHMIQUE *à mesurer,* &.

(A. G

SOLFÈGE *à* 2 *Voix,* sur les NOIRES POINTÉES.

(1re *Partie:* 3me Classe 22e Tableau Nº 107 bis.)

Nº 107.

(2me *Partie:* 3me Classe 24e Tableau Nº 107.)

SOLFÈGE *à* 2 *Voix,* sur les NOIRES POINTÉES.

(1re *Partie:* 3me Classe 23e Tableau Nº 108 bis.)

Moderato.

Nº 108.

(2me *Partie:* 3me Classe 24e Tableau Nº 108.)

10ᵐᵉ CHŒUR à 3 Voix;

(A.G

DES INTERVALLES ALTÉRÉS.

(NOTA.) Les 108 Leçons précédentes ont toujours été écrites dans le ton de *Do* majeur, et sans altération des intervalles qui composent cette Gamme, excepté cependant le premier Dièze *Fa*, qui était nécessaire à employer pour amener le ton de *Sol* majeur, à la fin des premières reprises. On fera les questions suivantes, en rappellant celles qui ont été faites précédemment sur le Dièze et sur le Bécarre.

I. Quel est l'effet du Bémol placé devant une note?— *E.* De baisser son intonation d'un demi-ton.— *I.* Les sept notes de la gamme peuvent-elles être dièzées ou bémolisées?— *E.* Oui, car il y aussi sept Dièzes et sept Bémols, qui peuvent se placer sur chacune de ces sept notes.— *I.* Quel est l'ordre successif des sept Dièzes?— *E. Fa, Do, Sol, Ré, La, Mi, Si;* ils se placent de quinte en quinte en montant— *I.* Quel est l'ordre des Bémols?— *E. Si, Mi, La, Ré, Sol, Do, Fa;* ils se placent de quinte en quinte en descendant.

EXEMPLES *I.* Pourquoi cette dénomination *d'Intervalles altérés?E.* Parcequ'ils changent l'ordre naturel des Tons et des demi Tons de la Gamme *I.* Quel est le but de ces altérations?— *E.* De *moduler*, en passant dans un autre ton que celui de la clef, ou bien de considérer ces *altérations* comme *passagères*, ou petites notes de goût, dites *appogiatures*.

A.)

TABLEAU DE TOUS LES INTERVALLES NATURELS ET ALTÉRÉS.

Intervalles de SECONDE.	2de Mineure	2de Majeure.	2de Augmentée.
	Un demi-ton.	Un ton.	Un ton et demi.

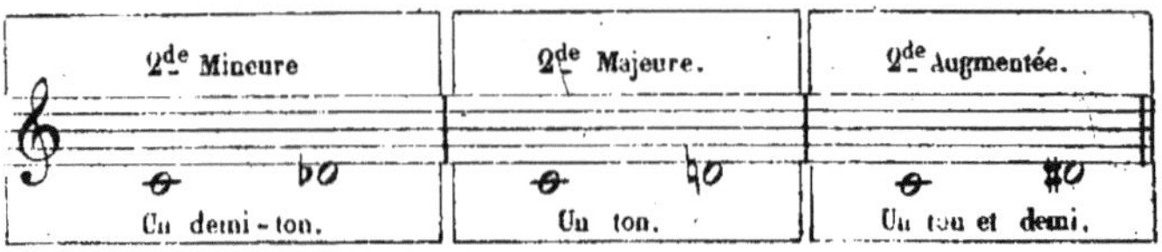

Intervalles de TIERCE.	3^{ce} Diminuée.	3^{ce} Mineure.	3^{ce} Majeure.
	2 demi-tons.	Un ton et demi.	2 tons.

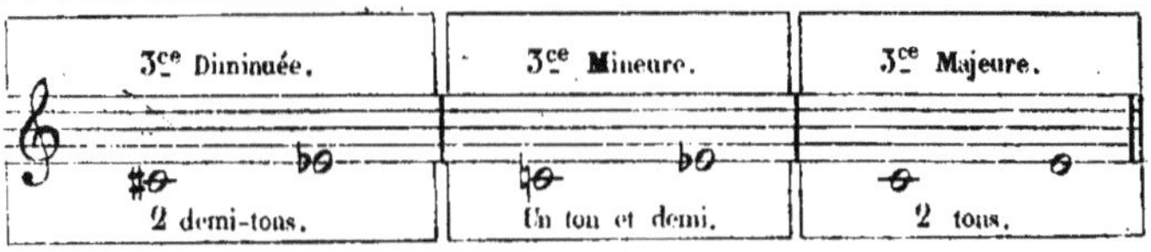

Intervalles de QUARTE.	4te Diminuée.	4te Juste.	4te Augmentée, ou Triton.
	1 ton et 2 demi-tons.	2 tons et demi.	3 tons.

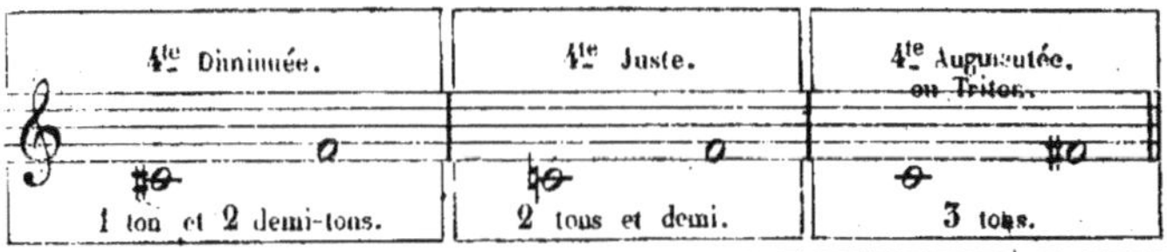

Intervalles de QUINTE.	5te Diminuée.	5te Juste.	5te Augmentée.
	2 tons et 2 demi-tons.	3 tons et 1 demi-ton.	3 tons et 2 demi-tons.

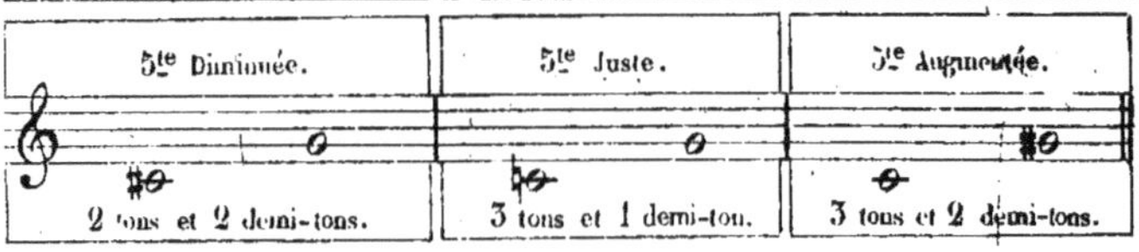

Intervalles de SIXTE.	6te Mineure.	6te Majeure.	6te Augmentée.
	3 tons et 2 demi-tons.	4 tons et 1 demi-ton.	4 tons et 2 demi-tons.

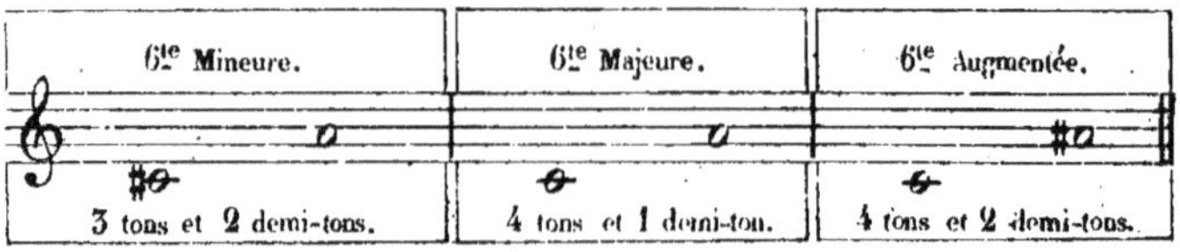

Intervalles de SEPTIÈME.	7e Diminuée.	7e Mineure.	7e Majeure.
	3 tons et 3 demi-tons.	4 tons et 2 demi-tons.	5 tons et demi.

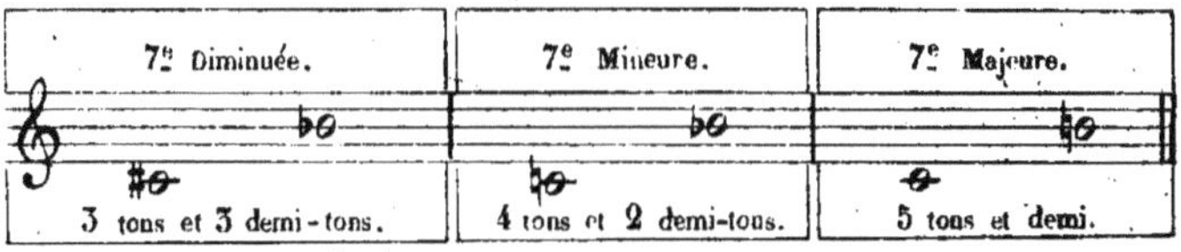

Intervalles d'OCTAVE.	8^{ve} Juste.		8^{ve} Augmentée (il s'emploie rarement.)
	5 tons et 2 demi-tons.		5 tons et 3 demi-tons.

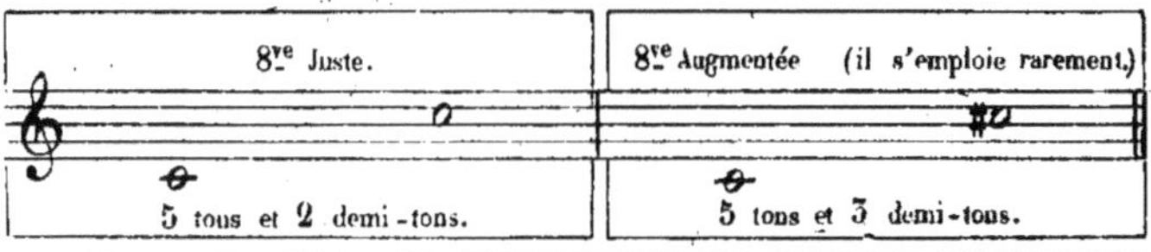

Intervalles de NEUVIÈME.	9e Mineure.	9e Majeure.	9e Augmentée. (s'emploie très rarement.)
	5 tons et 3 demi-tons.	6 tons et 2 demi-tons.	6 tons et 3 demi-tons.

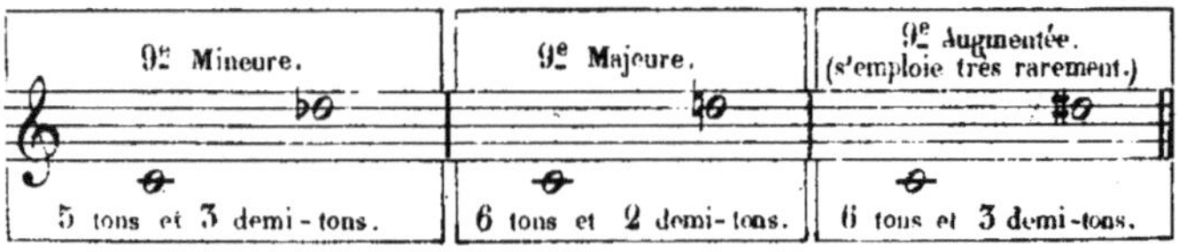

Intervalles de DIXIÈME.	10^e Mineure.		10^e Majeure.
	6 tons et 3 demi tons.		7 tons et 2 demi tons.

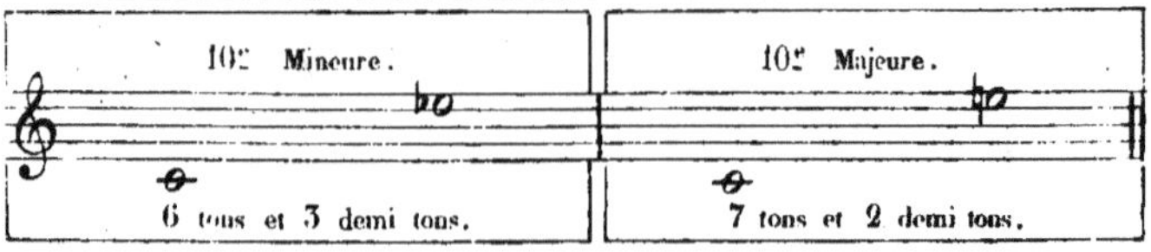

SOLFÈGES sur chaque INTERVALLE ALTÉRÉ.(1)
SECONDES *Altérées.*

(1) Il sera bien d'adresser aux élèves des questions sur ces divers *intervalle altérés*

SIXTES *Altérées.*

N°. 113.

SEPTIÈME *Altérées.*

N°. 114.

OCTAVES *Altérées.*

N°. 115.

INTERVALLES ALTÉRÉS.

Par les *Dièzes.*

N°. 116.

(A

INTERVALLES ALTÉRÉS

Par les Bémols.

N.° 117.

DES MODES.

I. Qu'entend on par MODE?__*E.* Une Mélodie différente, *selon que la tierce du ton est majeure,* étant composée de *deux tons;* ou bien *mineure,* n'étant composée que *d'un ton et demi.*__*I.* Dans la Gamme mineure, n'y a-t-il pas une autre exception?__*E.* Oui, la *Sixte* est aussi *mineure,* c'est à dire, composée de 3 *tons* et 2 *demi tons.*__*I.* Pourquoi cependant, dans la Gamme mineure, la sixte est-elle souvent majeure?__*E.* C'est afin d'eviter l'intervalle de *Seconde augmentée,* dont l'intonation est dure et difficile.

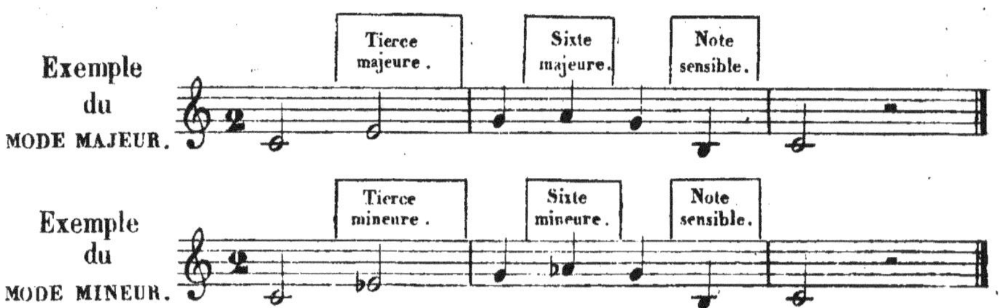

La *Gamme majeure,* dans tous les tons, conserve les mêmes intervalles que dans la Gamme en *Do* majeur du N.° 1, page

La *Gamme mineure,* dans tous les tons, conserve les mêmes intervalles que dans la Gamme suivante en *La* mineur. 23.

9.ᵐᵉ GAMME *à* 3 *Voix,* ET ACCORD PARFAIT de LA mineure, ton *relatif* de DO majeur.

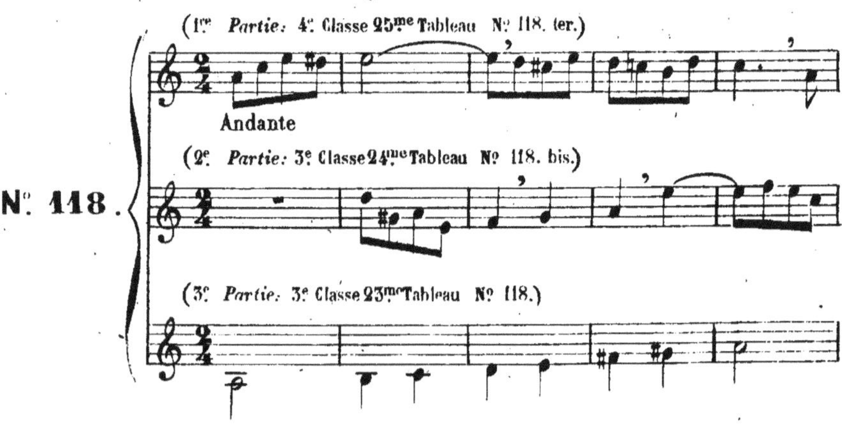

(A.

DES SYNCOPES.

I. Qu'entend-on par le mot *Syncope?*—*E.* C'est la prolongation sur un *tems fort* d'un son commencé sur un *tems faible*, et qui se trouve coupé par le frapper de la mesure.—*I.* Qu'est-ce qu'un tems fort?—*E.* C'est celui qui a le plus de poids ou d'effet, c'est à dire le 1.ᵉʳ et le 3.ᵉ tems dans la Mesure à 4 tems, ou le 1.ᵉʳ dans la mesure à 2 tems.—*I.* Quelles sont les valeurs d'une *Syncope ordinaire?*—*E.* Deux valeurs égales.

SYNCOPES ORDINAIRES.

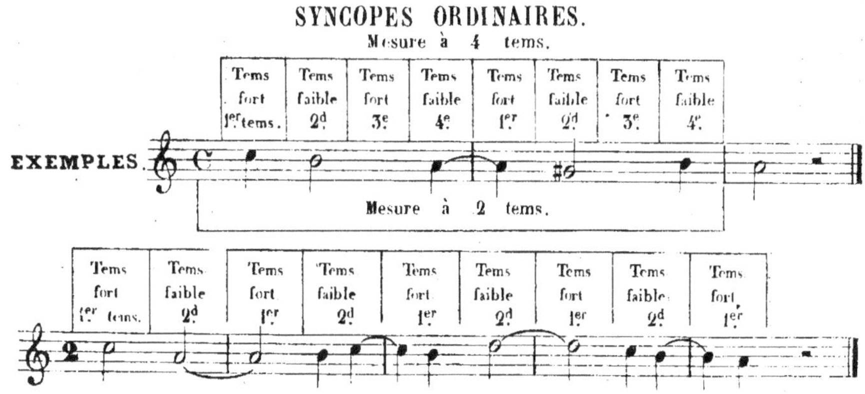

I. N'y a-t'il point un autre genre de Syncope?—*E.* Oui, c'est la *Syncope brisée*, dont la seconde valeur est moindre que la première.

SYNCOPES BRISÉES.

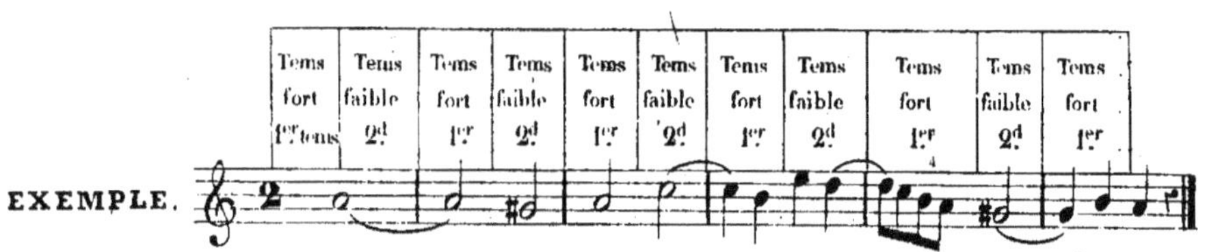

SYNCOPES BRISÉES de Rondes et de Blanches. (*Valeurs inégales.*)

Moderato.

N°. 120.

SYNCOPES ORDINAIRES de

deux Blanches. (*Valeurs égales.*)

SYNCOPES de Blanches et de Noires.

Andante.

N°. 121.

SYNCOPES de Noires et de Croches.

Allegretto.

N°. 122.

SYNCOPES BRISÉES ou de *Valeur inégale.*

IMITATIONS DE MÉLODIE sur les SYNCOPES.

(A.)

RÉCAPITULATION DES SYNCOPES.

(A. 6

11ᵐᵉ CHŒUR à 3 Voix, sur les SYNCOPES.

A .)

DU TON.

I. Quest-ce qu'on entend par *ton d'un morceau* de musique?—*E.* C'est la *Tonique* ou première note d'un ton ou Gamme *majeure* ou *mineure*. *I.* Comment peut-on connaître dans quel ton un morceau est composé?—*E.* Par les Dièzes ou Bémols qui se trouvent à la clef, ou par l'absence de ces signes altératifs.—*I.* Ces signes ne peuvent-ils indiquer qu'un seul ton?—*E.*Ils indiquent toujours deux tons: l'un majeur, l'autre mineur, (qui en est *le ton relatif*) dont la Tonique se trouve toujours *une tierce mineure au dessous* de la Tonique majeure.

EXEMPLE AVEC DES DIÈZES.

EXEMPLE AVEC DES BÉMOLS.

I. Comment reconnait-on la *Tonique* à l'inspection de la Clef?—*E.* Lorsqu'il n'y a ni Dièzes ni Bémols, on est en *Do* majeur ou dans son *ton relatif,* qui est *La* mineur.—*I.* Lorsqu'il y a des Dièzes quelle est la Tonique majeure?—*E.* Un demi-ton au dessus du dernier Dièze?—*I.* Et lorsqu'il y a des Bémols à la clef?—*E.* La Tonique majeure se trouve une quarte au dessous du dernier Bémol, ou bien l'avant dernier Bémol est cette Tonique. *I.* A l'inspection de la clef, comment peut-on discerner dans lequel des deux modes est un morceau?—*E. Si la quinte du ton majeur est juste* dans les premières mesures, on est dans ce Ton. *Si cette quinte est augmentée,* elle devient *note sensible du Mode mineur.*

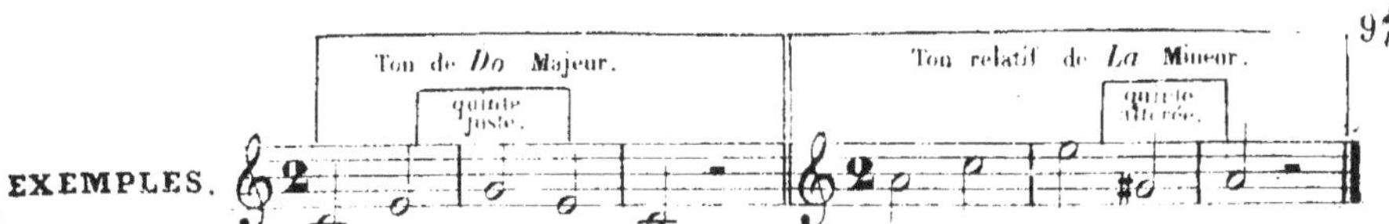

I. N'y a t'il pas d'autre moyen de reconnaitre le ton d'un morceau?

E. Par la dernière note d'un morceau, laquelle est *invariablement la To-nique.*

10.me GAMME à 3 *Voix*, ET ACCORD PARFAIT du ton de SOL Majeur.

N.º 129.

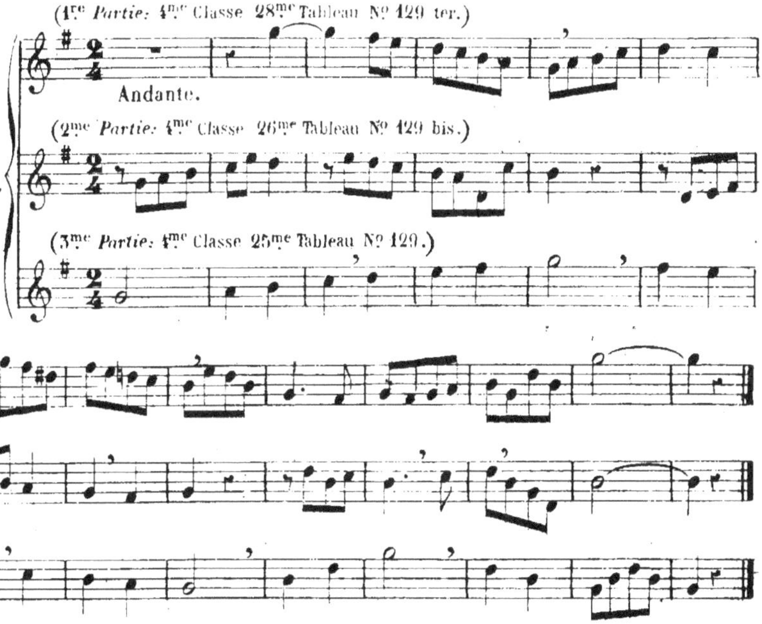

(1.re *Partie:* 4.me Classe 28.me Tableau N.º 129 ter.)

Andante.

(2.me *Partie:* 4.me Classe 26.me Tableau N.º 129 bis.)

(3.me *Partie:* 4.me Classe 25.me Tableau N.º 129.)

N.º 130.

ritard: a Tempo.

A.)

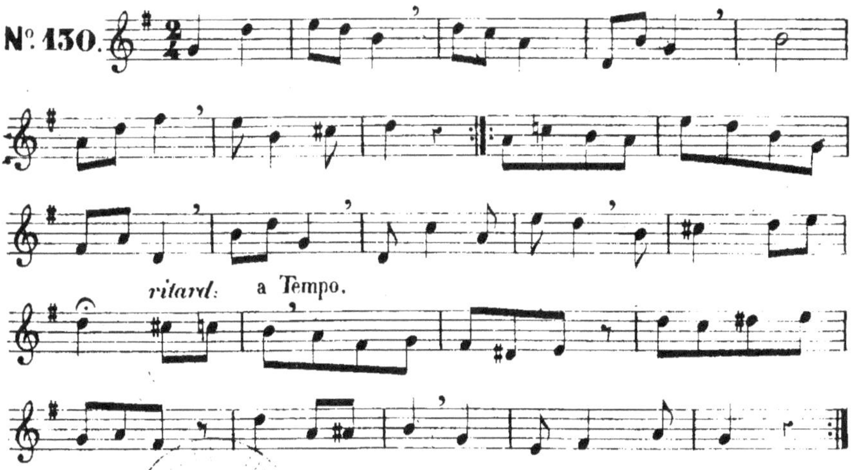

Nº 131.

12ᵐᵉ CHOEUR à 3 Voix.

(1ʳᵉ Partie. 4ᵐᵉ Classe 28ᵉ Tableau   12 CHŒUR ter.)
Andante.

(2ᵐᵉ Partie. 4ᵐᵉ Classe 26ᵉ Tableau   12 CHŒUR bis.)

(3ᵐᵉ Partie. 4ᵐᵉ Classe 25ᵉ Tableau   12 CHŒUR.)

Des DOUBLES CROCHES et des QUARTS DE SOUPIRS.

I. Quelle est la valeur de la *Double croche?* — *E.* Elle vaut la moitié d'une croches. — *I.* Qu'est-ce qu'un *quart de soupir?* — *E.* C'est le silence de la Double croche.

(NOTA.) Faire des questions relatives au Tableau suivant.

VALEURS ÉQUIVALENTES.

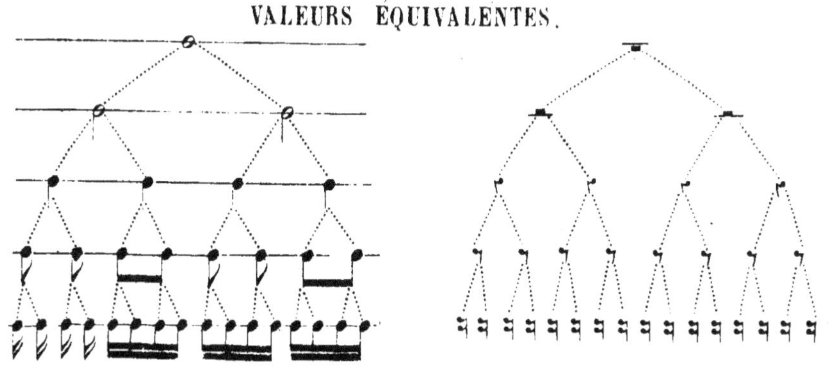

Deux CROCHES pour chaque tems.

Nº 132.

Quatre DOUBLES CROCHES pour chaque tems.

Nº 133.

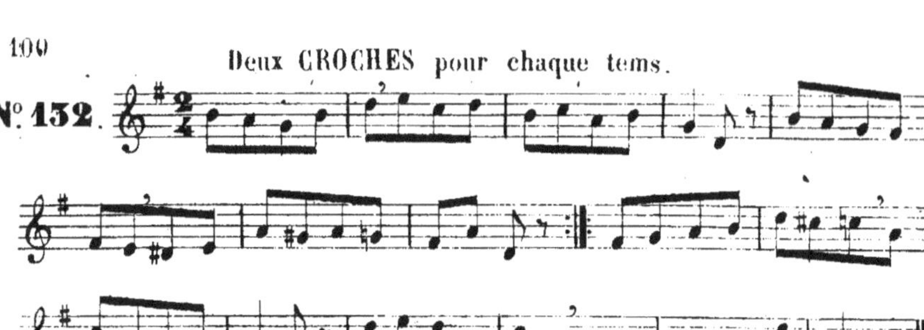

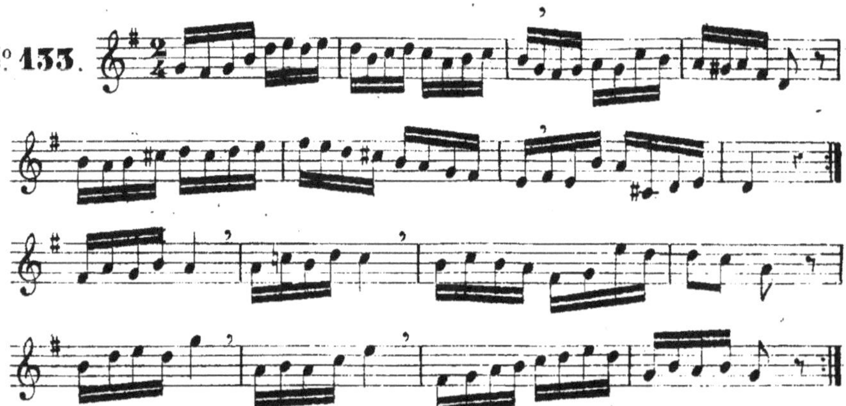

Nº 134.

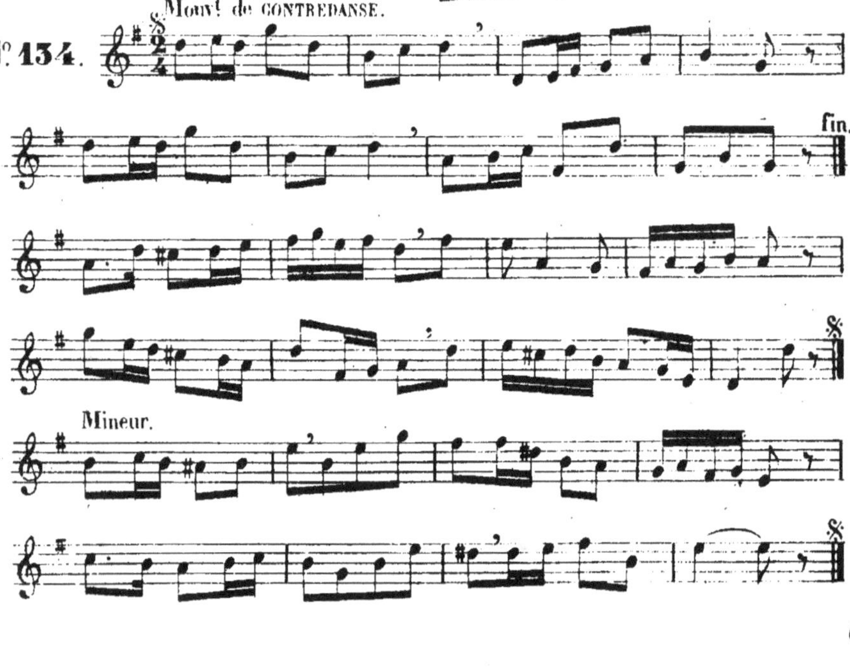

13.ᵐᵉ CHOEUR à 3 Voix.

PRIÈRE.

Andante religioso.

DES SILENCES.

(NOTA.) Voyez pour les *Silences*, le petit Tableau qui précède le N° 131.

EXERCICE RYTHMIQUE *à mesurer*, &

IMITATIONS DE MÉLODIE pour les Valeurs de SILENCES.

DES NUANCES.

(NOTA.) Dans tous les SOLFÉGES ou CHŒURS précédens, on a dû se borner à faire chanter les élèves à demi-voix, sans faire mention des *Nuances,* afin d'éviter la complication confuse de tant de genres de Leçons préliminaires, qu'il fallait étudier préalablement.

Le coloris et l'expression de la Musique étant son charme principal, les *nuances* en sont le mécanisme et les matériaux. De leur judicieuse distribution dépend une grande partie de l'effet musical.

I. Q'nentend-on par *nuance?*—*E.* C'est le dégré de force ou de faiblesse qu'on donne au son.—*I.* Comment les diverses sortes de nuances s'indiquent-elles?—*E.* Par les mots Italiens suivans, ou par leur abbréviation.

Piano ou *dolce* ....par abbréviation **p** ou *dol* doux.

Pianissimo .... idem **pp** très doux.

Crescendo .... ou *cres.* en augmentant graduellement la force du son.

Decrescendo ....ou *decres.* en diminuant graduellement.

◁▷ son ou phrase filée   reunion des 2 signes précédens.

Mezzo forte .... *mf* ou *mezf* demi fort.

Forte .... *f* ....fort.

Fortissimo .... *ff* .... très fort.

Sforzando ou *rinforzando,* *sf* ou *rinf* ou *rf,* en renforcant le son subitement.

Mezza voce ou *sotto voce* .... à demi-voix.

Smorzando ou *diminuendo.* smorz ou *dim* ⎫ . en diminuant le son

Calando, perdendosi .... ⎭   peu à peu.

AUTRES IMITATIONS DE MÉLODIE pour les Valeurs de SILENCES.

Moderato.

N°. 138.

SOLFÈGE à 2 Voix, sur les SILENCES.
(1re Partie 4me Classe 28me Tableau No 139 bis.)
N° 139.
(2me Partie 4me Classe 27me Tableau No 139.)

RÉCAPITULATION DES SILENCES, depuis le N° 135.
N° 140.
p
14me CHŒUR à 3 Voix, sur les SILENCES.
Allegretto.
(1re Partie: 5me Classe 33me Tableau 14me CHŒUR ter.)
Dans le dis_cours, com _ me en Mu _ si _ que, Savoir se
(2me Partie: 4me Classe 30me Tableau 14me CHŒUR bis.)
Allegretto.
Dans le dis_cours, comme en Mu _ si _ que, Savoir se
(3me Partie: 4me Classe 27me Tableau 14me CHŒUR.)
Dans le dis_cours, comme en Mu _ si _ que, Sa_voir se
taire est un ta_lent! Aux si _ len _ ces que l'on s'ap_
taire est un ta _ lent! Aux si _ len _ ces que l'on s'ap_
taire est un ta _ lent! Aux si _ len _ ces que l'on s'ap_
_pli _ que, Car leur va _ leur chan _ ge sou _ vent,
_pli _ que, Car leur va _ leur chan _ ge sou _ vent,
_pli _ que, Car leur va _ leur chan _ ge sou _ vent,

(A.)

f Car leur va _ leur chan _ ge sou _ vent.
f Car leur va _ leur chan _ ge sou _ vent.
f Car leur va _ leur chan _ ge sou _ vent. Dans le dis _
Dans le discours, comme en Mu _ si _ que, Savoir se taire
Dans le discours, comme en Mu _ si _ que, Savoir se taire
_ cours, comme en Mu _ si _ que, Sa _ voir se taire est
est un ta _ lent! Aux si _ len _ ces que l'on s'ap _
est un ta _ lent! Aux si _ len _ ces que l'on s'ap _
un ta _ lent! Aux si _ len _ ces que l'on s'ap _
_ pli _ que Car leur va _ leur chan _ ge sou _ vent, souvent
_ pli _ que Car leur va _ leur chan _ ge sou _ vent, souvent
_ pli _ que Car leur va _ leur, leur va _ leur change sou _ vent, sou _
souvent, chan _ ge sou _ vent. _____
souvent, chan _ ge sou _ vent. _____
_ vent, sou _ vent, car leur va _ leur change sou _ vent.

(1.

11.me GAMME à 3 *Voix*, et ACCORD PARFAIT du ton de MI mineur, *ton relatif* de SOL majeur.

Allo. Mouvt. de PAS REDOUBLÉ.
N. 143.
fin.
f
p
f
15me CHOEUR à 3 Voix.
(1re Partie. 4me Classe 32me Tableau 15me CHOEUR ter.)
Allegretto assai.
Chan_tons, chan_tons a_vec as_su_ran_ce
(2me Partie. 4me Classe 34me Tableau 15me CHOEUR bis.)
Chan'ons, chantons a_vec as_su_ran_ce
(3me Partie. 4me Classe 29me Tableau 15me CHOEUR.)
Chantons, chantons a_vec as_su_ran_ce
p
pp
Mais sans for_cer, sans for_cer no_tre voix, Mais sans for
pp
Mais sans for_cer, sans for_cer no_tre voix, Mais sans for_
pp
Mais sans for_cer, sans for_cer no_tre voix, Mais sans for_cer, sans for_
mez f
_cer, sans for_cer no_tre voix. Bien_tôt, a_vec con_fi_
mez f
_cer, sans for_cer no_tre voix. Bientôt, a_vec con_fi_
mez f
_cer, sans for_cer no_tre voix. Bientôt, a_vec con_fi_

(4

_an_ce, De l'art nous suivrons les loix, Nous sui_vrons
_an_ce, De l'art nous sui_vrons les loix, Nous sui_vrons
_an_ce, De l'art nous sui_vrons les loix, Nous sui_vrons
les loix. Chantons, chantons avec as_su_ran_ce,
les loix. Chantons, chantons avec as_su_ran_ce,
les loix. Chantons, chantons avec as_su_ran_ce,
Mais sans for_cer no_tre voix; Bientôt a_vec con_fi_an_ce De l'art
Mais sans for cer no_tre voix; Bientôt a_vec con_fi_an_ce De l'art
Mais sans for_cer no_tre voix; Bientôt a_vec con_fi_an_ce De l'art
nous suivrons les loix, De l'art nous sui_vrons les loix.
nous suivrons les loix, De l'art nous sui_vrons les loix.
nous suivrons les loix, De l'art nous sui_vrons les loix.

DES NOTES ET DES SILENCES POINTÉS.

EXERCICE RYTHMIQUE à mesurer.

SOLFÈGE à 3 Voix.

Moderato
N°. 150.

IMITATIONS DE MÉLODIE sur les NOTES POINTÉES.

RÉCAPITULATION DES NOTES POINTÉES.

16.ᵐᵉ CHŒUR à 3 Voix.

SOLFÈGE à 2 Voix sur les NOTES POINTÉES.

(1re Partie: 4me Classe 30me Tableau No 153 bis.)

Allegretto.

Nº 153.

(2me Partie: 4me Classe 29me Tableau Nº 153.)

SOLFÈGE à 3 *Voix*, sur les NOTES POINTÉES.

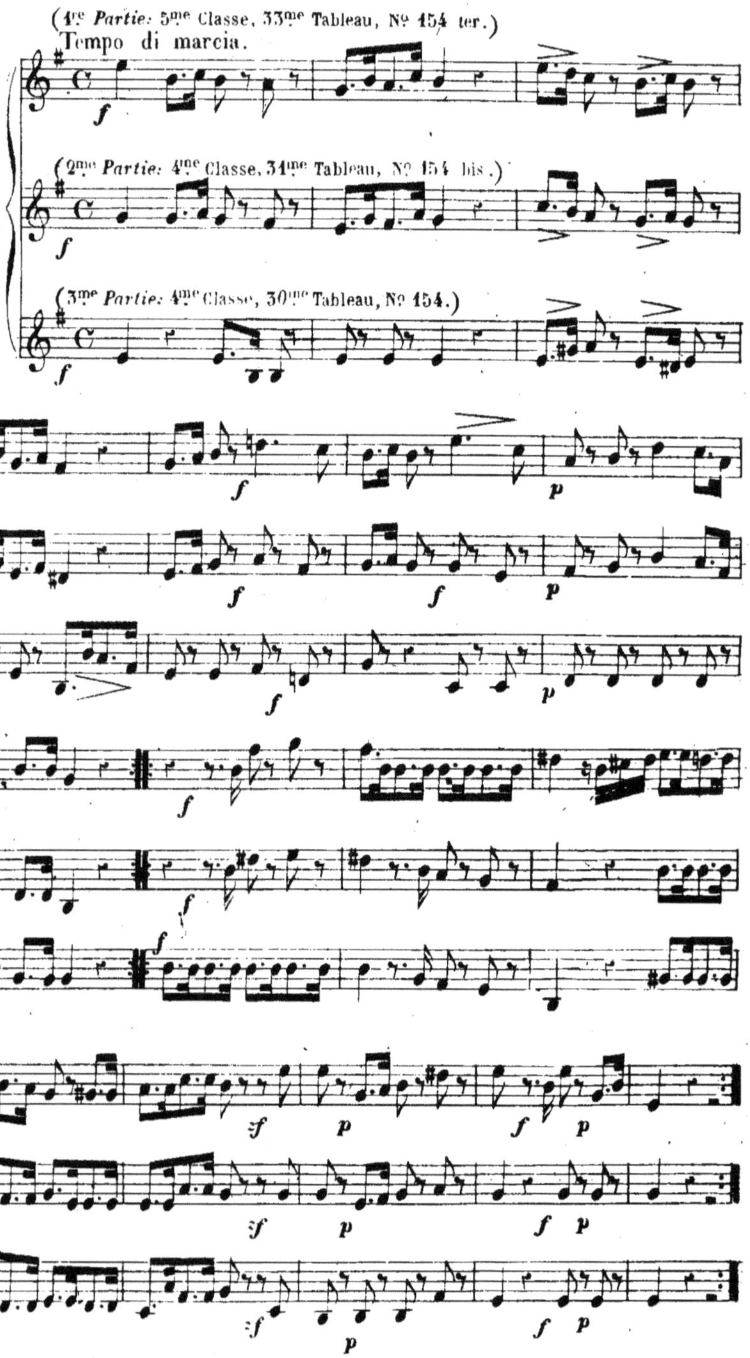

17ᵐᵉ CHŒUR à 3 Voix, sur les NOTES POINTÉES.

12ᵐᵉ GAMME à 3 *Voix*, et ACCORD PARFAIT du ton de FA majeur.

(1ʳᵉ *Partie:* 5ᵐᵉ Classe, 34ᵐᵉ Tableau.)

(2ᵐᵉ *Partie:* 5ᵐᵉ Classe, 32ᵐᵉ Tableau.)

N.º 155.

(3ᵐᵉ *Partie:* 5ᵐᵉ Classe, 30ᵐᵉ Tableau.)

Allegro. Mouv! de CABALETTE.
N.º 156.
p
f
dol:
mezf
fin.
p
f
p
f
p
fin.
Mouv! de CONTREDANSE.
N.º 157.
mezf
Mineur.
p

Des TRIOLETS ou TRIADES.

I. Qu'est-ce qu'un *Triolet* ou *Triade?*—*E.* On nomme ainsi trois no_tes qui doivent s'exécuter dans le même espace de temps que le seraient deux notes de même figure.—*I.* N'ont-ils pas un signe indicatif?—*E.* On les surmonte ordinairement d'un 3 ou d'un 6 lorsque deux Triolets se trou_vent crochés ensemble.—*I.* Ces chiffres ne sont-ils pas supprimés quelquefois? —*E.* Oui, mais le nombre de valeurs de la mesure les fait facilement recon_naître.—*I.* Un silence mêlé avec deux notes équivalentes ne devient-il pas un Triolet?—*E.* La valeur en est la même.

N.º 161.

Moderato.

IMITATION DE MÉLODIES sur les TRIOLETS.

N.º 162.

Moderato.

SOLFÈGE *à* 2 *Voix*, sur les TRIOLETS.

(1.re *Partie:* 5.me Classe, 33.me Tableau, N° 163 bis).

N.° 163.

SOLFÈGE *à* 3 *Voix*, sur les TRIOLETS.

(1.re *Partie:* 5.me Classe, 36.me Tableau, N° 164 ter).

N.° 164.

18.ᵐᵉ CHŒUR à 3 *Voix*, sur les TRIOLETS.

(1.ʳᵉ *Partie:* 5.ᵐᵉ *Classe,* 37.ᵐᵉ *Tableau,* 18.ᵐᵉ CHŒUR ter.)

Andantino Pastorale.

DES MESURES SIMPLES ET COMPOSÉES.

I. N'y a-t'il point plusieurs divisions de Mesures?—*E.* Elles se divisent en *Mesures Simples*, et en *Mesures Composées.*—*I.* Quest-ce qu'une *Mesure Simple?*—*E.* C'est celle dont chaque tems est *binaire* ou toujours composé de valeurs égales, comme, 2 Noires, 2 Croches, &. telles que les Mesures à QUATRE TEMS et à DEUX TEMS, qu'on a vues jusqu'à présent.—*I.* Quest-ce qu'une *Mesure composée?*—*E.* On nomme ainsi celles dont chaque tems est *ternaire*, ou ne pouvant se diviser qu'en trois valeurs égales, au lieu de deux, comme dans les Mesures simples.—*I.* Quelles sont les principales mesures composées?—*E.* Ce sont les mesures à SIX HUIT et à NEUF HUIT et à DOUZE HUIT. Plus loin, on connaîtra ces deux dernières mesures.

MESURES SIMPLES.

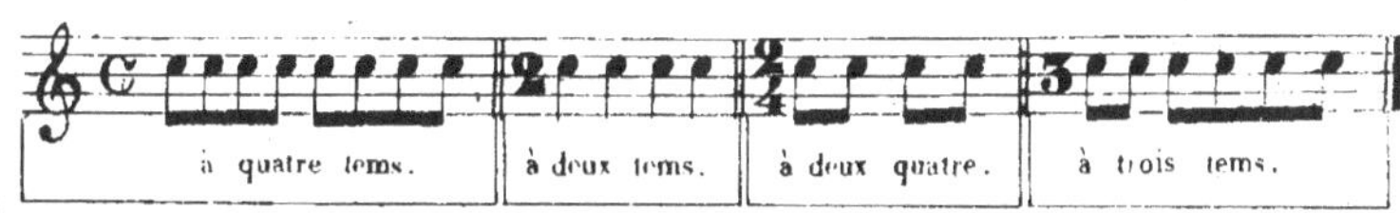

EXEMPLES.

MESURES COMPOSÉES.

MESURE À SIX HUIT.

I. Pourquoi ce nom de *Mesure à six huit?*—*E.* Parcequ'elle contient 6 huitièmes de la Ronde, c'est-à dire 6 Croches. *I.* Par quelle mesure est-elle produite?—*E.* Par la mesure à *Deux quatre.*—*I.* Comment se bat-elle?—*E.* À 2 tems.—*I.* N'y a-t'il point une différence de rythme dans ces deux mesures? *E.* Oui, cette différence existe dans les 3.me et 5.me mesures de l'exemple suivant, dont la Mélodie est d'ailleurs la même.

EXEMPLES de ces deux Mesures.

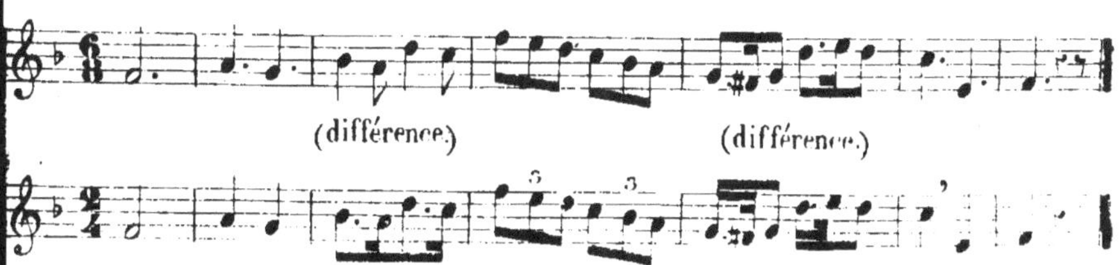

EXERCICE RYTHMIQUE.

sur les principales valeurs de la Mesure à SIX HUIT.

Allegretto.

N°. 165.

13.me GAMME *à 3 Voix*, et ACCORD PARFAIT du ton de RÉ Mineur,
ton relatif de FA Majeur.

(1re *Partie:* 5me Classe, 36me Tableau, N.º 166 ter.)
Moderato.

mezf

(2me *Partie:* 5me Classe, 35me Tableau, N.º 166 bis.)

N°. 166.

mezf

(3me *Partie:* 5me Classe, 34me Tableau, N.º 166.)

mezf

Allegro.

N°. 167.

p

mezf

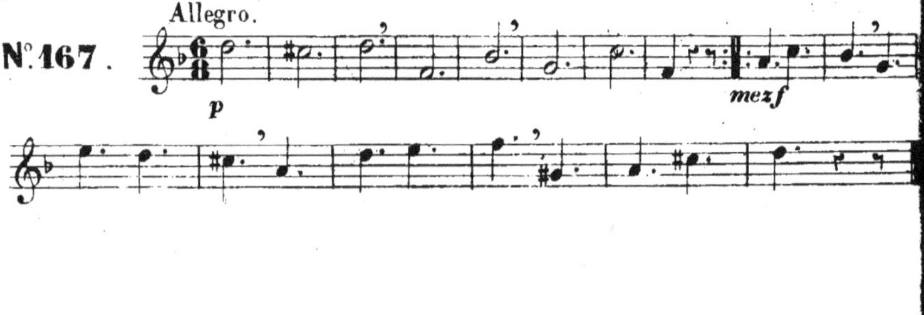

Moderato.

Nº 168.

Nº 169.

Inverse de la 1ʳᵉ reprise.

Nº 170.

IMITATIONS DE MÉLODIE dans la Mesure à SIX HUIT.

Allegretto.

Nº 171.

1ʳᵉ **RÉCAPITULATION** de la Mesure à **SIX HUIT**, depuis le Nᵒ **165**.

Allegro.

SOLFÈGE à 3 *Voix*, sur la Mesure à **SIX HUIT**.

(1ʳᵉ *Partie*: Classe 36ᵐᵉ Tableau Nᵒ 173 bis)

Andante.

(2ᵐᵉ *Partie*: Classe 35ᵐᵉ Tableau Nᵒ 173.)

SOLFÈGE à 3 Voix.

19ᵐᵉ CHŒUR *à* 3 *Voix,* sur la Mesure à SIX HUIT.

(1ʳᵉ *Partie:* 5ᵐᵉ Classe, 38ᵐᵉ Tableau, 19ᵐᵉ CHŒUR ter.)

Allegretto.

(2ᵐᵉ *Partie:* 5ᵐᵉ Classe, 36ᵐᵉ Tableau, 19ᵐᵉ CHŒUR bis.)

(3ᵐᵉ *Partie:* 5ᵐᵉ Classe, 35ᵐᵉ Tableau, 19ᵐᵉ CHŒUR.)

MESURE À TROIS TEMS ou à TROIS QUATRE.

I. Pourquoi la Mesure à *trois tems* prend-t'elle le nom de *trois quatre?*—*E.* Parcequ'elle contient trois quarts de la Ronde, c'est-à-dire trois Noires ou Six croches, &.—*I.* Quelle est la différence des deux manières d'indiquer la Mesure à trois tems?—*E'.* La Mesure à trois quatre s'emploie ordinairement dans les mouvements vifs.

EXERCICE RYTHMIQUE.

sur les principales valeurs de la MESURE À TROIS TEMS.

14.me GAMME à 3 *Voix*, et ACCORD PARFAIT du ton de RÉ Majeur.

Allegro.

N°. 180.

SOLFÈGE *à* 2 *Voix*, sur la Mesure À TROIS TEMS.

(1re *Partie:* 5me Classe, 37me Tableau, N° 181).

Andante.

N°. 181.

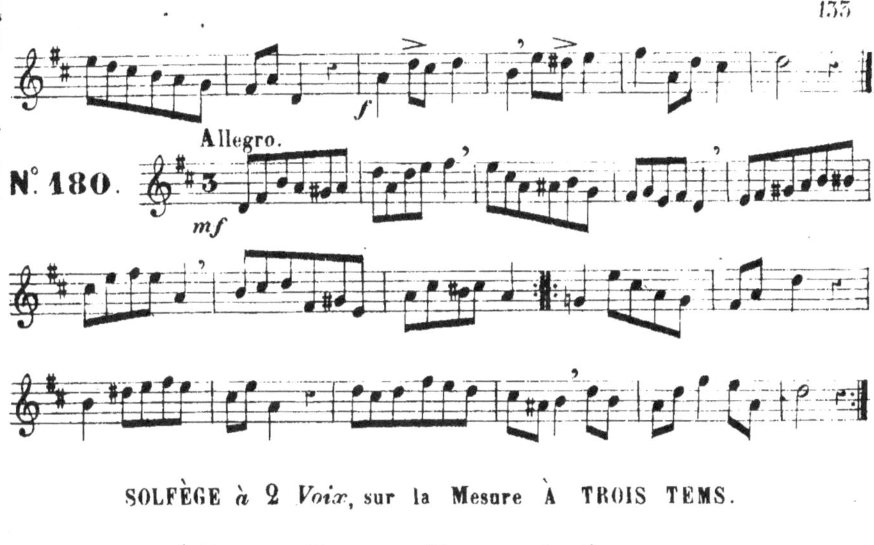

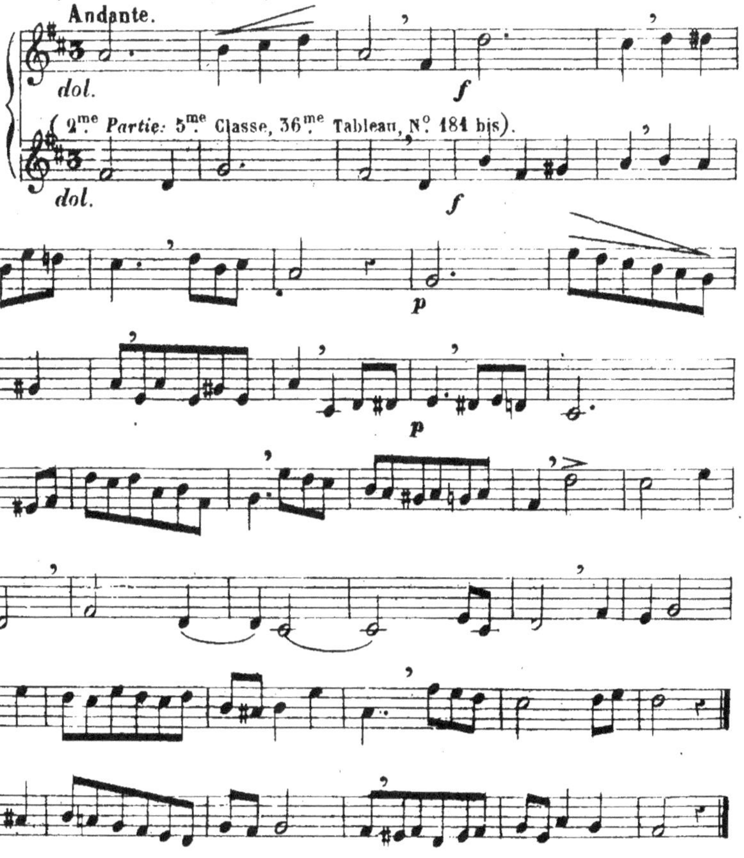

SOLFÈGE à 3 Voix.

(1.re *Partie:* 5.me Classe, 39.me Tableau, N.º 182, ter).

Andante con moto.

20ᵐᵉ CHŒUR à 3 Voix.

(1ʳᵉ *Partie:* 6ᵐᵉ Classe, 40ᵐᵉ Tableau, 20ᵐᵉ *Chœur* ter).

Andante Maestoso.

15ᵐᵉ GAMME à 3 Voix et ACCORD PARFAIT du ton de SI mineur,
ton relatif de RÉ Majeur.

(1ʳᵉ Partie: 5ᵐᵉ Classe, 40ᵉ Tableau, N.º 183 ter).

Allᵒ Moderato.

N.º 183

(2ᵐᵉ Partie: 5ᵐᵉ Classe, 39ᵉ Tableau, N.º 183 bis).

(3ᵐᵉ Partie: 5ᵐᵉ Classe, 38ᵉ Tableau, N.º 183).

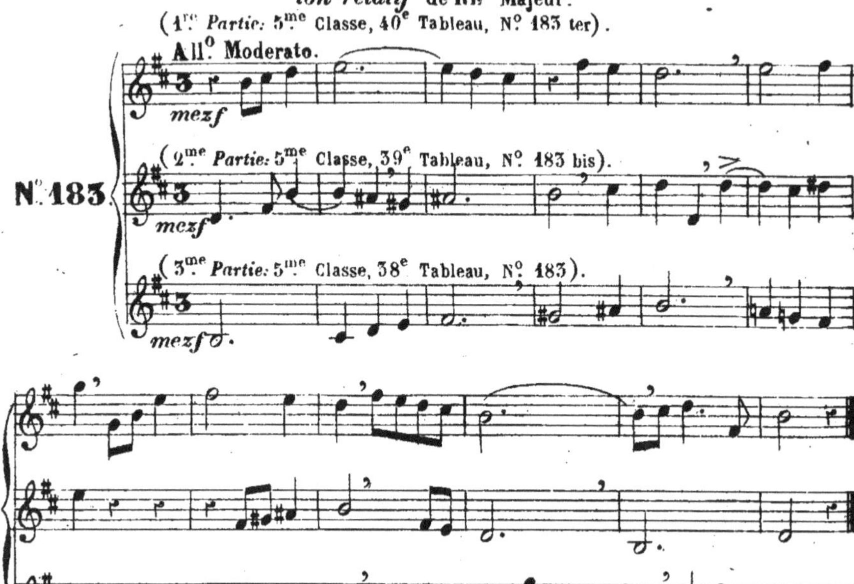

2ᵈ EXERCICE RYTHMIQUE, sur la Mesure À TROIS TEMS.

Allᵒ Moderato.

N.º 184

Allᵒ Moderato.

N.º 185.

IMITATIONS DE MÉLODIE, sur la Mesure à 3 TEMS.

N°. 186.

RÉCAPITULATION de la Mesure À TROIS TEMS, depuis le N.° 175.

SOLFÈGE *à 3 Voix*, sur la Mesure À TROIS TEMS.

21me. CHOEUR *à 3 Voix.*

Mesure À TROIS HUIT.

I. Pourquoi donne t'on le nom de *trois huit* à cette Mesure?— Parce
qu'elle contient trois huitièmes de la Ronde, c'est-à-dire, trois Croches dont
une pour chaque tems. —*I.* On la bat donc à trois tems?—*E.* Oui, dans les
mouvemens lents ou modérés. —*I.* Et dans les mouvemens vifs?—*E.* On bat
seulement le premier tems, ou *frapper de la mesure.*

16.me GAMME *à 3 Voix*, et ACCORD PARFAIT du ton de SI♭ Majeur.

EXERCICE RYTHMIQUE, sur la Mesure à TROIS HUIT.
Moderato.
N.º 191.
p
Allegretto.
N.º 192.
dol.
Moderato.
N.º 193.
p
mezf
dol:
Mouv.t de VALSE.
N.º 194.
dol
mf
f
p
p

IMITATIONS DE MÉLODIE, sur la Mesure à TROIS HUIT.

Allegretto.

N° 195.

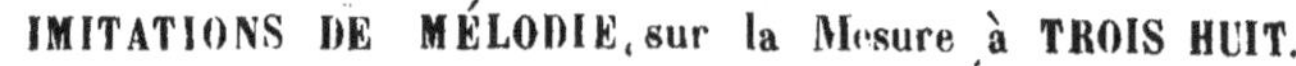

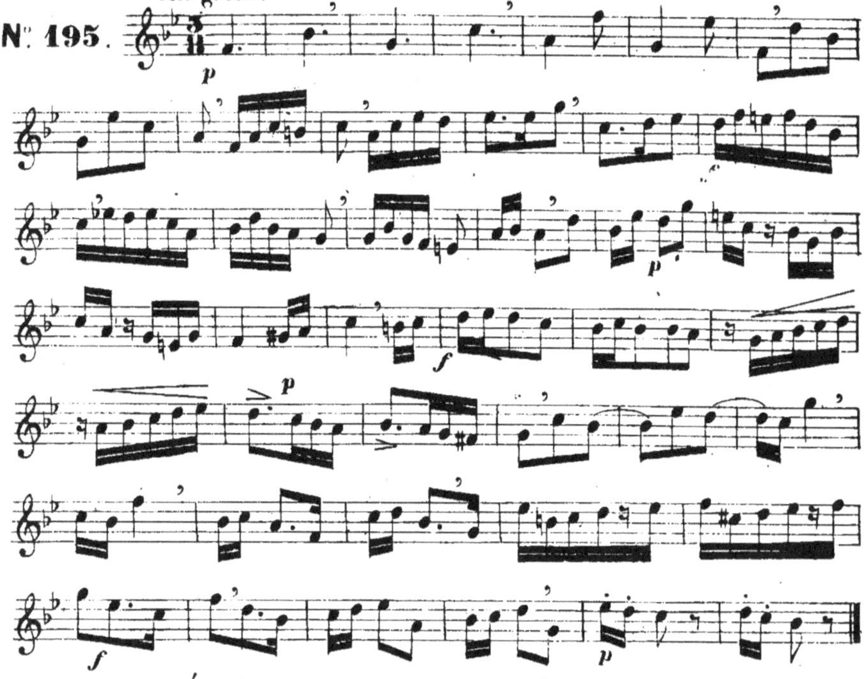

RÉCAPITULATION de la Mesure à TROIS HUIT.

Allegro.

N° 196.

(1re Partie: 5me Classe, 44me Tableau, N° 197 bis.)

Allegretto. SOLFÈGE à 2 Voix.

N° 197.

(2me Partie: 5me Classe, 39me Tableau, N° 197.)

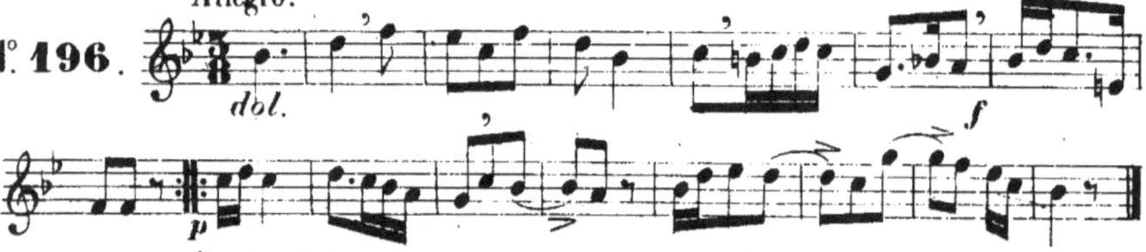

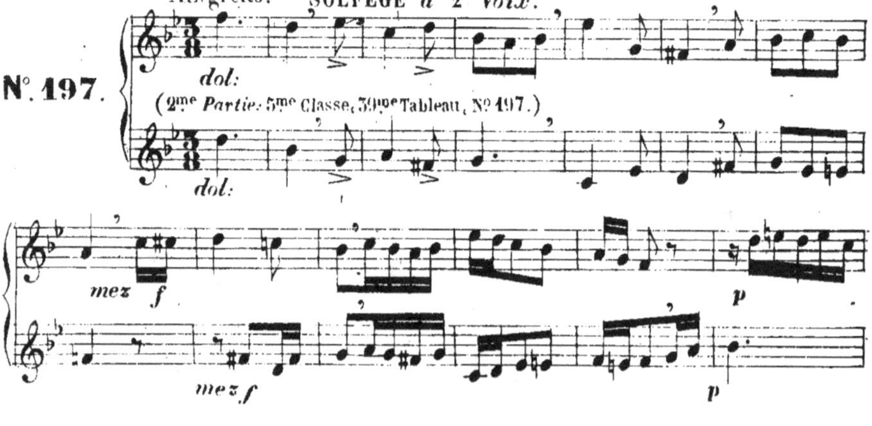

SOLFÈGE à 3 Voix.
(1re Partie: 6me Classe, 42me Tableau, No 198 ter.)
Andantino.
(2me Partie: 6me Classe, 44me Tableau, No 198 bis.)
No 198.
(3me Partie: 5me Classe, 46me Tableau, No 198.)
fin.
A.

(1re Partie: 6me Classe, 43me Tableau, 22me CHŒUR ter.)

Allegretto. con moto.

(2me Partie: 6me Classe, 44me Tableau, 22me CHŒUR bis.)

(3me Partie: 5me Classe, 39me Tableau, 22me CHŒUR.)

_ ra _ ge, Et par nos chants que notre ou _ vra _ ge
_ ra _ ge, Et par nos chants que notre ou _ vra _ ge
_ ra _ ge, Et par nos chants que notre ou _
Nous sem _ ble moins en _ nu _ yeux, moins en _ nu _ yeux; Car chan _
Nous sem _ ble moins en _ nu _ yeux, moins en _ nu _ yeux;
_ vra _ ge nous sem _ ble moins en _ nu _ yeux, moins en _ nu _ yeux;
_ ter, c'est être heureux! C'est être heu _ reux, chanter c'est être heu _
Chanter, c'est être heu _ reux,
Chanter, c'est être heu _ reux,
_ reux, c'est être heu _ reux, c'est être heu _ reux, c'est être heu _ reux!
C'est être heu _ reux, c'est être heureux, c'est être heu _ reux!
C'est être heu _ reux, c'est être heureux, c'est être heu _ reux!

17.me GAMME à 3 Voix, et ACCORD PARFAIT du ton de SOL mineur,
ton relatif de SI Majeur.

Majeur.
dol:
Tempo di Minuetto.
N° 203.

SOLFÈGE à 3 Voix.
(1re Partie: 6me Classe, 43me Tableau, No 204 bis.)
N. 204.
(2me Partie: 6me Classe, 41me Tableau, No 204.)
p
mezf
p
mezf
p
p
f
p
f
SOLFÈGE à 3 Voix.
(1re Partie: 6me Classe, 44me Tableau, No 205 ter.)
Andantino.
mezf
(2me Partie: 6me Classe, 45me Tableau, No 205 bis.)
N. 205.
mezf
(3me Partie: 6me Classe, 42me Tableau, No 205.)
p
p
mezf
dol:
dol:
dol:

23.me CHOEUR à 3 Voix.

Clef de FA sur la QUATRIÈME ligne.

I. Quel est l'effet des notes sur cette clef?—*E.* C'est de baisser d'une octave les mêmes notes écrites sur la clef de *Sol.*—*I.* Relativement a la position des notes sur la portée, quelle est la différence de ces deux clefs?—*E.* Le nom des notes sur la clef de *Fa* se trouve une tierce au dessus de celles en clef de *Sol.*

EXEMPLE.

I. Quelles sont les notes placées *sur les 5 lignes?*—*E. Sol* sur la 1re; *Si* sur la 2d; *Ré* sur la 3me; *Fa* sur la 4me; *La* sur la 5me.

1re EXERCICE.

152

I. Quelles sont les notes placées *sur les 4 interlignes?* _E. *Fa* sur le 1.er;
Do sur le 2.^d; *Mi* sur le 3.me, *Sol* sur le 4.me

2.^d EXERCICE.

3.e EXERCICE.
sur la réunion
de ces notes.
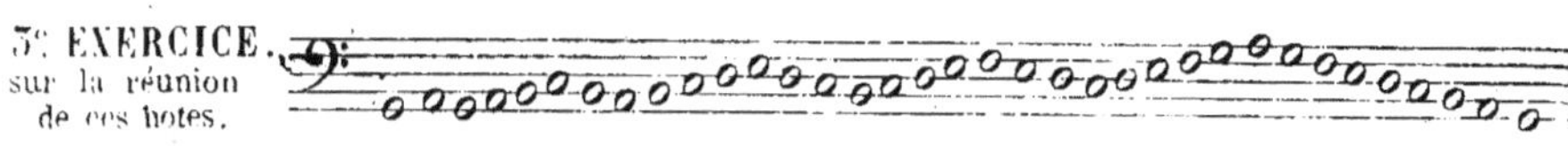

Quelles sont les notes *au dessus de la portée?* _E. *Si* au dessus de la
portée; *Do* sur la 1.re ligne ajoutée; *Ré* au dessus de la 1.re ligne; *Mi* sur la 2.^{de}
ligne; *Fa* au dessus des deux lignes ajoutées.

4.e EXERCICE.

5.e EXERCICE.

18.me GAMME *à 3 Voix*, et ACCORD PARFAIT du ton de LA Majeur.
(1.re *Partie:* 6.me Classe, 44.me Tableau, N.º 206 ter.)
Andante.

N.º 206.
(2.me *Partie:* 6.me Classe, 43.me Tableau, N.º 206 bis.)

(3.me *Partie:* 6.me Classe, 42.me Tableau, N.º 206.)

Moderato.
N.º 207.
p
And.te con moto.
N.º 208.
f
p
f
And.te siciliano.
N.º 209.
dol.
mez f
rallent.
a tempo.
dol.
IMITATIONS DE MÉLODIE.
N.º 210.
p

Allo. AIR DE CHASSE.

Nº 211.

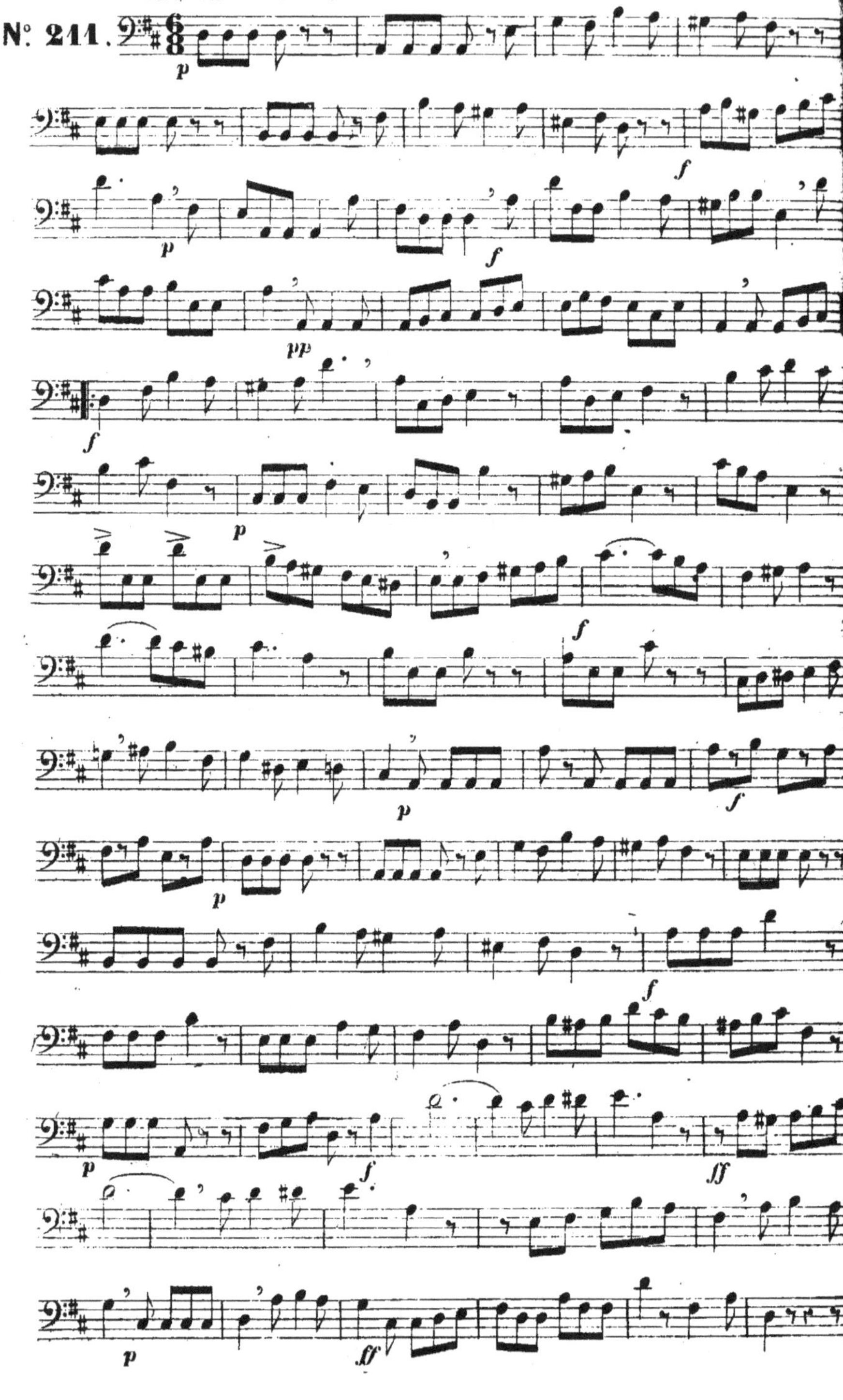

SOLFÈGE à 2 Voix.

(1re Partie: 6me Classe 45me Tableau No 212 bis.)

Allegro.

N.° 212.

(2me Partie: 6me Classe 44me Tableau N.° 212.)

24me CHŒUR à 3 Voix.

(1re Partie: 6me Classe 44me Tableau 24me CHŒUR ter.)

Allegretto.

(2me Partie: 6me Classe 45me Tableau 24me CHŒUR bis.)

(3me Partie: 6me Classe 44me Tableau 24me CHŒUR.)

DU DOUBLE POINT D'ACCROISSEMENT.

I. Quel est l'effet d'un *double point?* — *E.* Un second point, placé après le premier, augmente encore cette valeur de la moitié de celle de ce **premier point**.

EXEMPLES.

DES TRIPLES CROCHES.

_I. Quelle est la valeur de la *Triple croche?* _E. Il en faut deux pour une Double croche; quatre pour une Croche; huit pour une noire, &._I. Quel est le silence de la Triple croche?_E. Le demi-quart de Soupir.

EXEMPLE.

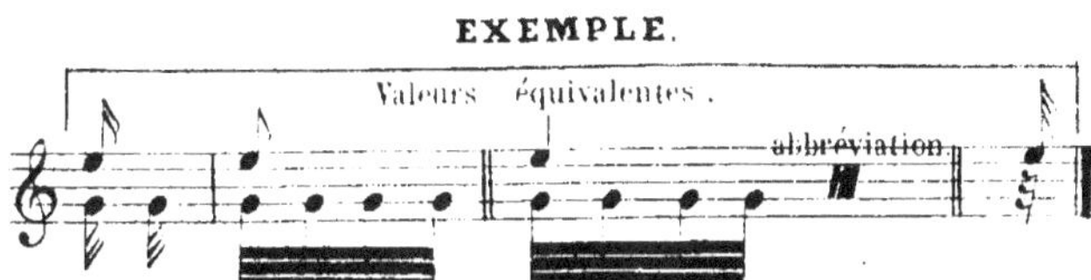

EXERCICE RYTHMIQUE sur le DOUBLE POINT et les TRIPLES CROCHES.

N° 213.

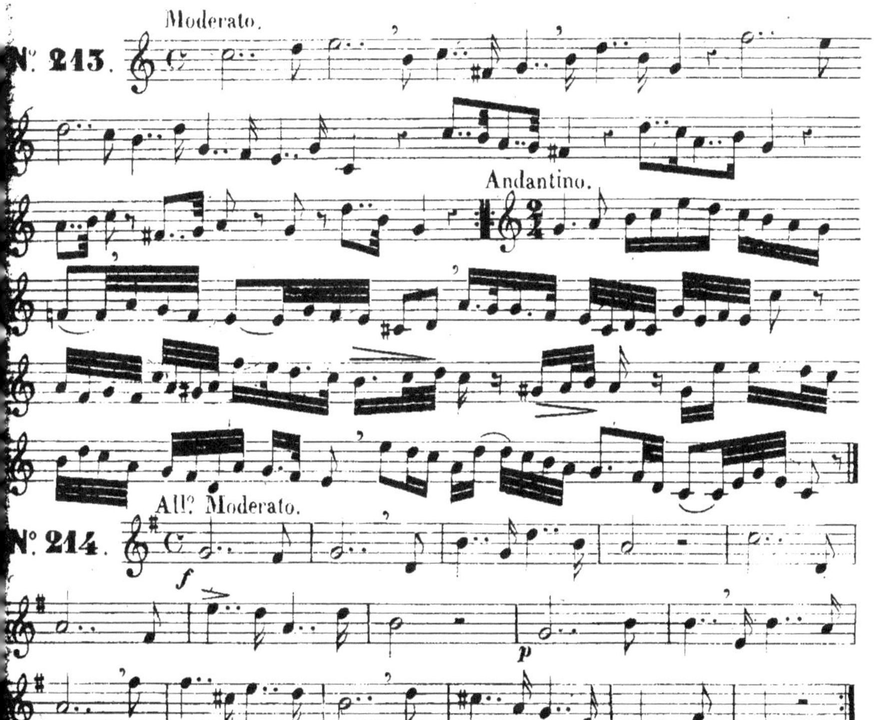

N° 214.

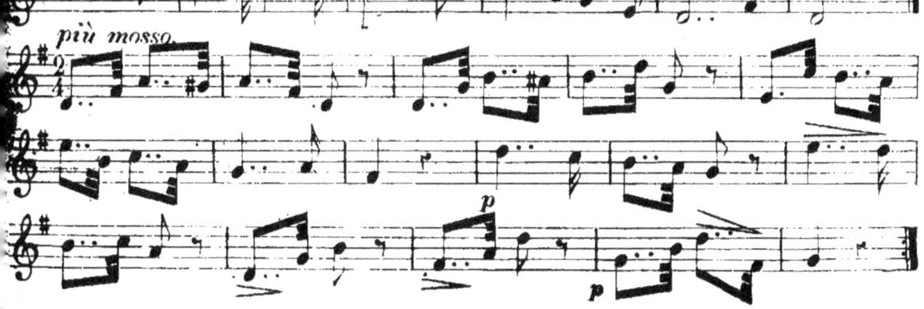

Adagio.

N.º 215.

mez

p

Tempo di Marcia.

N.º 216.

f

p

SOLFÈGE *à* 3 *Voix*, sur le DOUBLE POINT.

(1.ʳᵉ *Partie:* 6.ᵐᵉ Classe, 46.ᵐᵉ Tableau, N.º 217 ter.)

Tempo di marcia.

(2.ᵐᵉ *Partie:* 6.ᵐᵉ Classe, 47.ᵐᵉ Tableau, N.º 217 bis.)

N.º 217.

(3.ᵐᵒ *Partie:* 6.ᵐᵉ Classe, 48.ᵐᵉ Tableau, N.º 217.)

25.me CHOEUR *à 3 Voix*, sur le DOUBLE POINT.

(1.re *Partie:* 6.^{ine} Classe, 43.me Tableau, 25.me CHOEUR ter.)

Tempo di marcia.

(2.me *Partie:* 6.me Classe, 44.me Tableau, 25.me CHOEUR bis.)

(5.me *Partie:* 6.me Classe, 45.me Tableau, 25.me CHOEUR.)

FIN DE LA 1re PARTIE.

MANUEL GUIDE

D'ENSEIGNEMENT MUTUEL ET POPULAIRE

DE LA MUSIQUE,

Par **ALEXIS DE GARAUDÉ.**

Op: **62**.

Seconde Partie.

19ᵐᵉ GAMME *à 3 Voix*, et ACCORD PARFAIT du ton de FA ♯ Mineur

ton relatif de LA Majeur.

Moderato.

N.º 220.

Andantino.

N.º 221.

IMITATIONS DE MÉLODIE.

Moderato.

N.º 222.

SOLFÈGE à 2 Voix.

(1re Partie: 6me Classe, 46me Tableau, N° 223 bis.)

N°. 223.

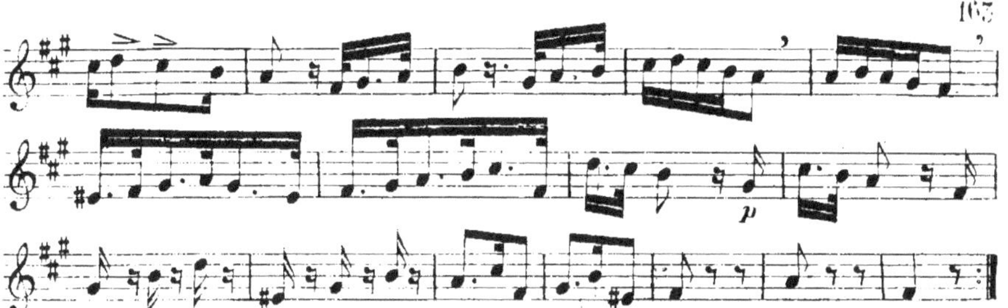

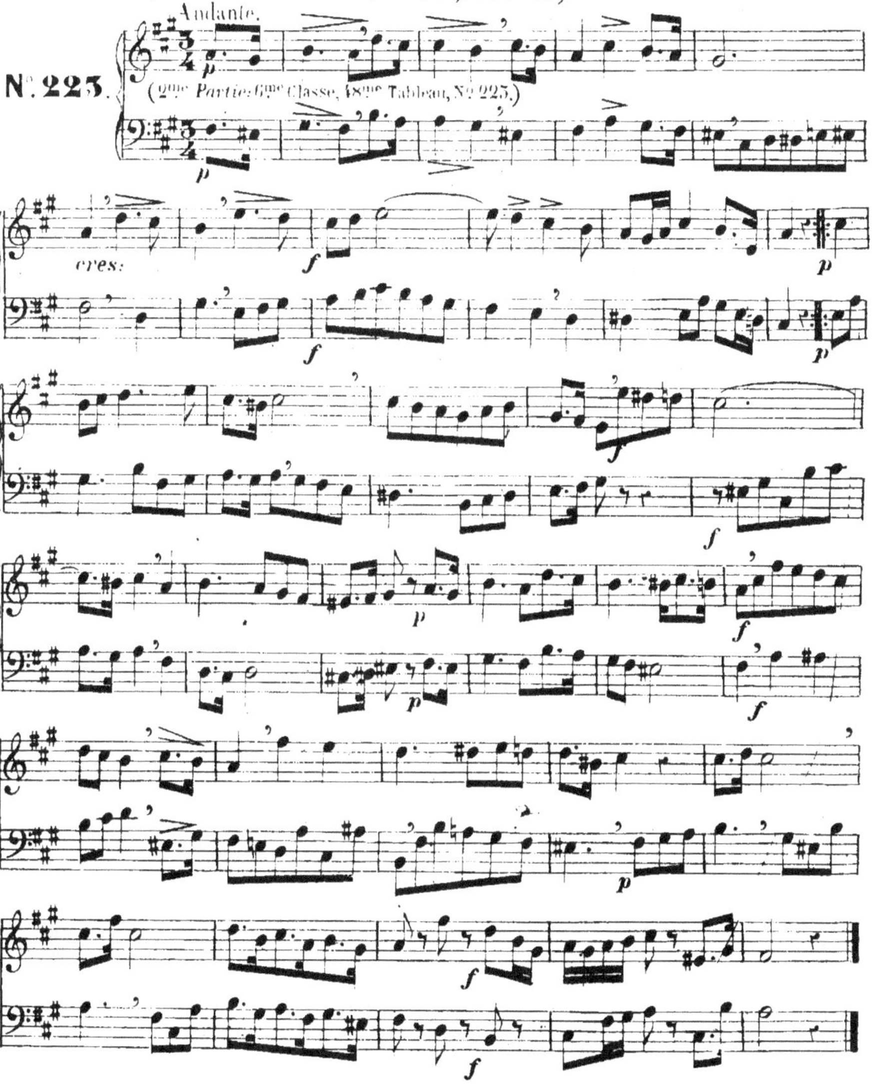

27ᵐᵉ CHŒUR à 3 Voix.

20.me GAMME à 3 Voix, et ACCORD PARFAIT du ton de Mi♭ Majeur.

Des NOTES D'AGRÉMENT dites NOTES DE GOÛT.

—*I*. Qu'entend-on par *Notes d'agrément?* —*E*. Ce sont de petites *Notes de goût* ajoutées aux Valeurs de la Mesure. —*I*. Font-elles partie de ces Valeurs? —*E*. Non, elles n'y sont point comprises. —*I*. Faut-il les nommer en solfiant? —*E*. Non, il faut en chanter l'intonation par le nom de la grosse note qui les suit. —*I*. Quelles sont les principales espèces? —*E*. L'*acciacature*, l'*appoggiature*, les *diverses espèces de Grouppes* ou *Gruppetti* et le *Trille*.

(NOTA) Quelquefois, dans les mouvemens très lents, on fait précéder la rapidité du *Trille* par un battement des deux notes un peu lent et progressif; mais il s'exécute le plus souvent selon l'exemple suivant:

Exemples du TRILLE.

Allegretto.
Nº 226.
mezf
Andᵘᵒ con Cantabile.
Nº 227.
dol:
dol:
mezf
dol:

27.me CHOEUR à 3 Voix.

blâ_me Ne vien_ne ja_mais l'af_fai_blir, ja_mais l'af_fai_blir!
blâ_me Ne vien_ne ja_mais l'af_fai_blir, ja_mais l'af_fai_blir!
blâ_me Ne vien_ne ja_mais l'af_fai_blir, ja_mais l'af_fai_blir!
SOLFÈGE à 2 Voix, sur les APPOGGIATURES et les GRUPPETTI.
(1re Partie: 6me Classe 49me Tableau N° 229 bis.)
Andante.
dol:
N° 228.
(2me Partie: 6me Classe 50me Tableau N° 229 bis.)
dol:
mezf
mezf
p
p
f
f

SOLFÈGE à 3 Voix.

S.
S.
S.
p
p
p
28.me CHOEUR à 3 Voix.
(1.re Partie: 6.me Classe 49.me Tableau 28.me CHOEUR ter.)
Allegretto:
p
Un vain or _ gueil est u _ ne preu _ ve De peu d'es _
(2.me Partie: 6.me Classe 50.me Tableau 28.me CHOEUR bis.)
p
Un vain or _ gueil est u _ ne preu _ ve De peu d'es _
(3.me Partie: 6.me Classe 51.e Tableau 28.me CHOEUR.)
p
Un vain or _ gueil est u _ ne preu _ ve De peu d'es _
_ prit et de ta _ lent, f De peu d'es _ prit
_ prit et de ta _ lent, f De peu d'es _ prit
_ prit, de peu d'es _ prit et de ta _ lent, f De peu d'esprit
p
et de ta lent, E _ tre mo _ des _ te est une é _
p
et de ta lent, E _ tre mo _ des _ te est une é _
p
et de ta lent. E _ tre mo _ deste est une é _

21me. GAMME à 3 *Voix*, en DO Mineur, ton relatif de MI♭ Majeur.

(1re *Partie:* 6me Classe 51me Tableau No 231 ter.)

Andante.

(2me *Partie:* 6me Classe 50me Tableau No 231 bis.)

No 230.

(3me *Partie:* 6me Classe 49me Tableau No 231.)

Mouvt de VALSE.

No. 231.

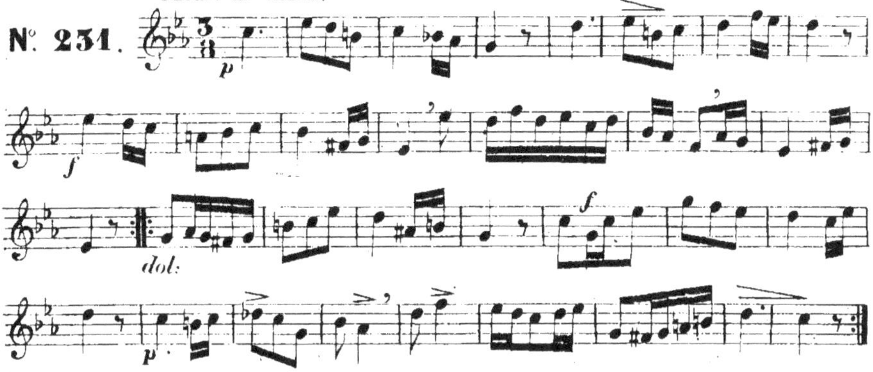

SOLFÈGE à 2 Voix.

(1re Partie: 6me Classe, 49me Tableau, No. 232 bis.)

Andantino.

No. 232.

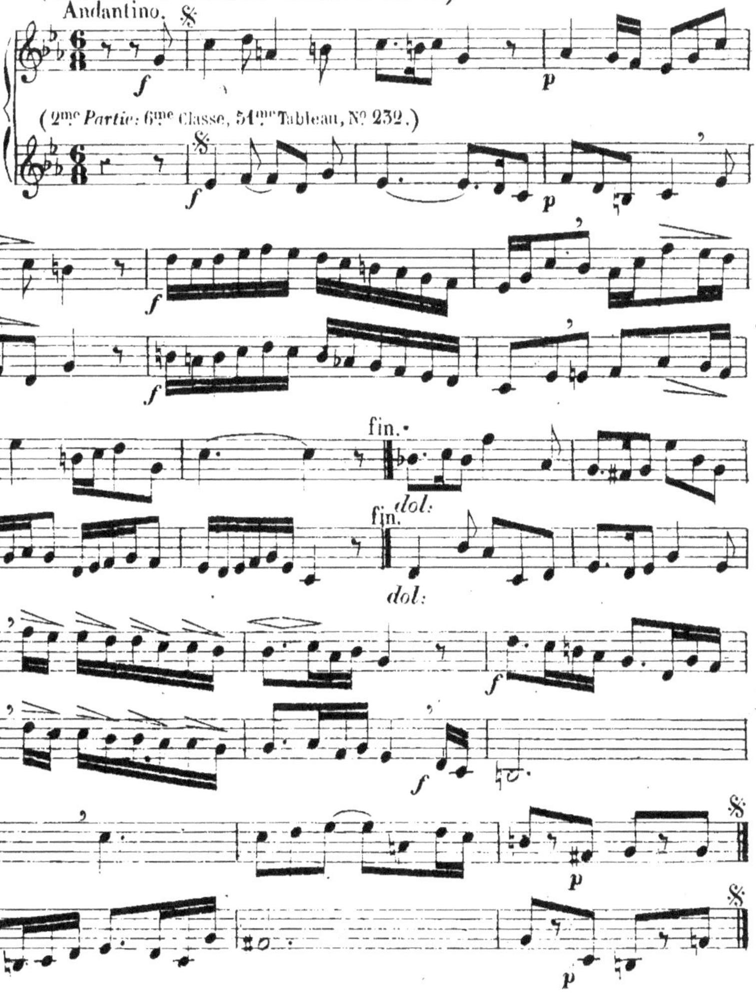

Mesure à TROIS DEUX.

—I. Qu'entend-on par cette mesure?*—E.* C'est une mesure *simple,* qui se nomme ainsi, parcequ'elle contient trois deuxièmes de la Ronde: c'est à dire trois Blanches.*—I.* Quelle est la manière de la battre?*—E.* À trois tems.*—I.* Quelles sont ses principales valeurs?*—E.* Une Ronde pour la mesure entière ou bien, pour chaque tems, une Blanche ou deux Noires ou quatre Croches &.

EXERCICE RYTHMIQUE sur la Mesure à TROIS DEUX.

IMITATIONS DE MÉLODIE, dans la Mesure à TROIS DEUX.

Moderato.

N.º 235.

RÉCAPITULATION de la Mesure à TROIS DEUX, depuis le N.º 233.

All.º Moderato.

N.º 236.

SOLFÈGE à 3 Voix.

N°. 237.

29.me CHŒUR à 3 Voix.
(1re Partie: 6.me Classe, 49.me Tableau, 29.me CHŒUR ter.)
And.te maestoso.
De Dieu le cré _ a _ teur du mon _ _ de,
(2.me Partie: 6.me Classe, 51.me Tableau, 29.me CHŒUR bis.)
De Dieu le cré _ a _ teur du mon _ _ de,
(3.me Partie: 7.me Classe, 53.me Tableau, 29.me CHŒUR.)
De Dieu le cré _ a _ teur du mon _ _ de,
cres: poco a poco.
Nous ne pou _ vons ap _ pro _ fon _ dir La puis _ san _ ce,
Nous ne pou _ vons ap _ pro _ fon _ dir La puis _ san _ ce,
Nous ne pou _ vons ap _ pro _ fon _ dir La puis _ san _ ce,
la puis _ sance enbien _ faits fé _ conde Nous ne pou _ vons ap _ profon _
la puis _ sance enbien _ faits fé _ conde Nous ne pou _ vons ap _ profon _
la puis _ sance enbien _ faits fé _ conde Nous ne pouvons ap _ profon _
_ dir La puis _ sance en bien _ faits fé _ con _ _ de; La ju _ ger se _
_ dir La puis _ sance enbien _ faits fé _ con _ _ de; La ju _ ger se _
_ dir La puis _ sance enbien _ faits fé _ con _ _ de; La ju _ ger se _

22ᵐᵉ GAMME à 3 Voix, et ACCORD PARFAIT du ton de MI Majeur.

Nº 238.

Nº 239.

f

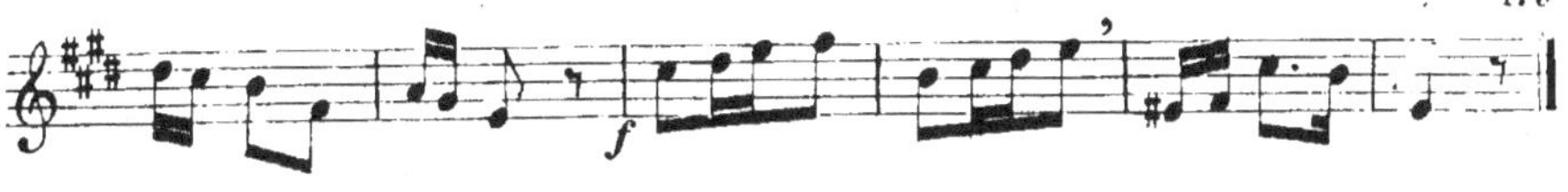

Du DOUBLE DIÈZE (x ou ✱)

—*I.* Quel est l'effet du *double Dièze?*—*E.* De hausser d'un ton l'altération d'une note, ou d'un demi-ton celle qui est déja altérée par un Dièze. —*I.* Comment détruit-t'on l'effet d'un double Dièze?—*E.* En faisant précéder la note par un Dieze simple.

EXEMPLE.

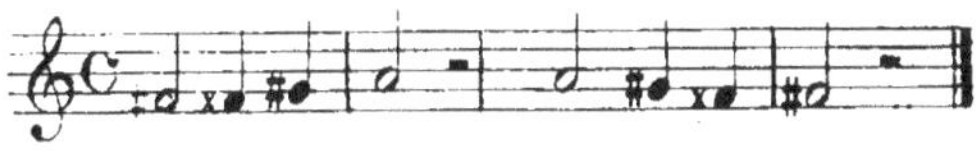

N°. 240.

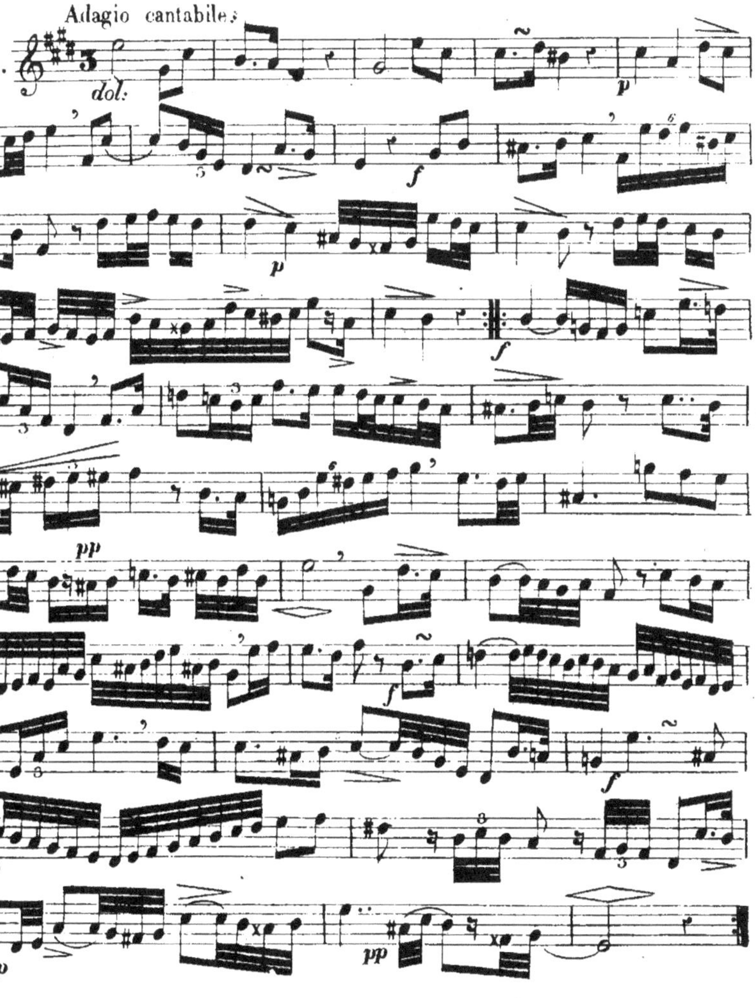
Adagio cantabile.
dol:
p
f
pp
dol:

30ᵐᵉ CHOEUR à 3 Voix.

(1ʳᵉ *Partie:* 6ᵐᵉ Classe, 51ᵐᵉ Tableau, 30ᵐᵉ CHOEUR.)

Andᵗᵉ sostenuto.

De la Mesure à DOUZE HUIT.

I. Qu'est-ce que la Mesure à *Douze Huit?* — *E.* C'est une mesure composée de la Mesure à *quatre tems.* — *I.* Pourquoi se nomme-t-elle ainsi? *E.* Parcequ'elle contient douze huitièmes de la Ronde, c'est-à-dire douze Croches.

I. C'est donc une espèce de double Mesure *à Six Huit?* *E.* Oui, on pourrait la considérer ainsi, car il faut, pour chaque tems, une Noire pointée, ou trois Croches, ou six doubles Croches, &. — *I.* Comment bat-on la Mesure à *Douze huit?* — *E.* Elle se bat à quatre tems, et la valeur d'une Mesure entière est une Ronde pointée.

EXERCICE RYTHMIQUE, sur la Mesure À DOUZE HUIT.

N°. 241.

Allegro.
N.º 242.
cres.
f
p
Fin
N.º 243.
Allegro.
cres.
f
p

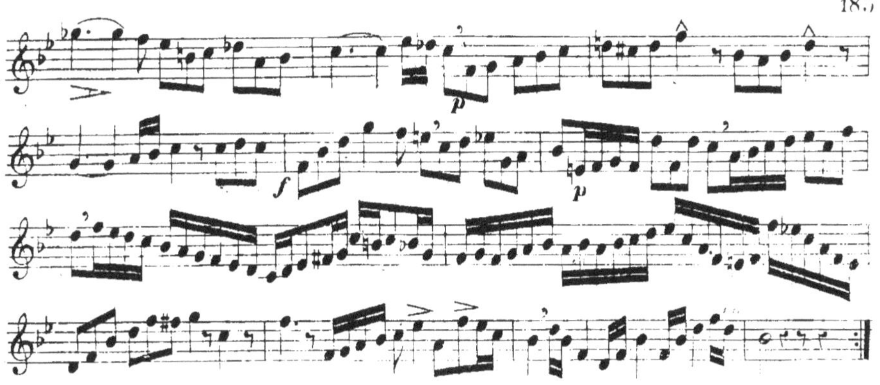

IMITATIONS DE MÉLODIE dans la Mesure à DOUZE HUIT.

N° 244. All°

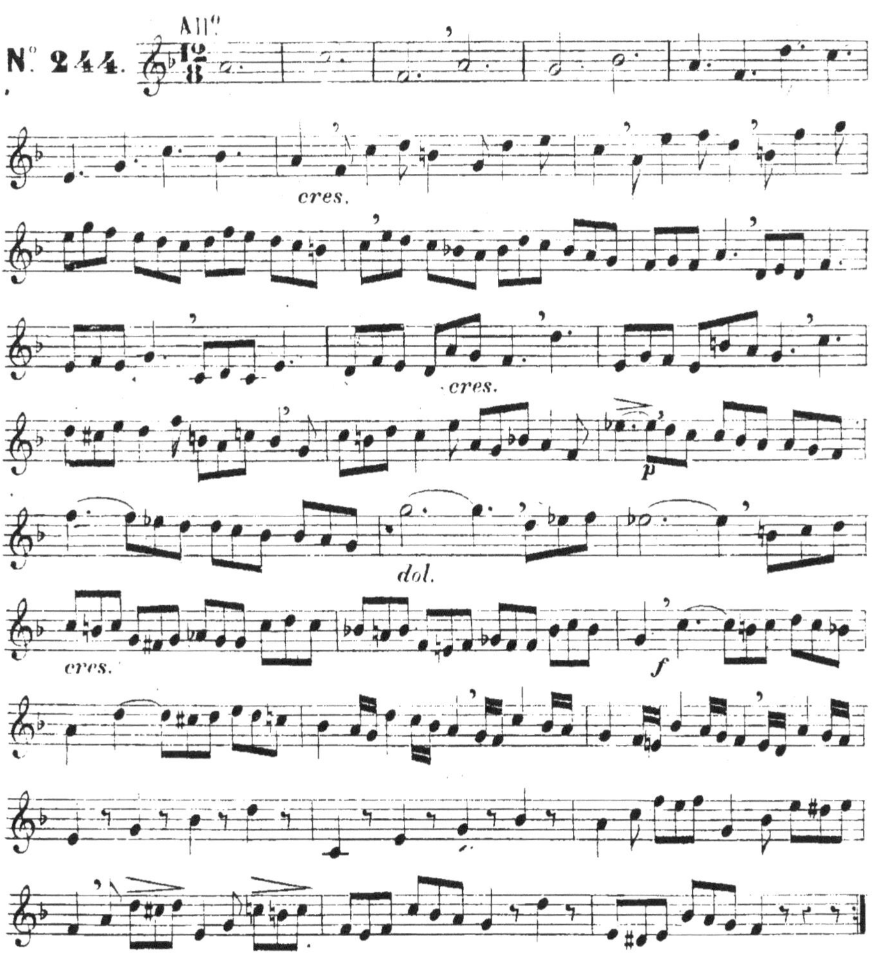

SOLFÉGE à 2 Voix, sur la Mesure À DOUZE HUIT.

(1re Partie: 7me Classe, 55me Tableau, N.º 245 bis).

All.º moderato

N.º 245

(2me Partie: 7me Classe, 56me Tableau, N.º 245).

31.ᵉ CHOEUR à 3 Voix, sur la Mesure À DOUZE HUIT.

(1re Partie: 6me Classe, 52me Tableau, 31.ᵉ Choeur).

Moderato.

(2me Partie: 7me Classe, 54me Tableau, 31.ᵉ Choeur).

(3me Partie: 7me Classe, 55me Tableau, 31.ᵉ Choeur).

lui nos beaux jours, Que l'é_tu _ desoitnotre gui _ de
lui nos beaux jours, Emporteaveclui nosbeaux jours,Que l'étu _ de soit no _ tre gui_de
lui nos beaux jours, Emporteavec lui nosbeaux jours,Que l'étu_de soit no _ tre gui_de
Pour charmer biensouvent son cours! Pour char _ mer bien sou_
Pour char _ mer bien souvent son cours! Pour char _ mer bien sou_
Pour charmer bien souventson cours! Pour char _ mer bien sou_
vent son cours, bien souvent soncours, bien souvent son cours! Le
vent son cours, bien souvent soncours, bien souvent son cours! Le
vent bien souvent son cours, bien souvent bien souvent son cours! Le
Tems, dans sa course ra _ pi _ de, Emporte avec lui nos beaux
Tems, dans sa course ra _ pi _ de, Emporteavec lui nos beaux
Tems, dans sa course ra _ pi _ de, Emporteavec lui nos beaux

23ᵐᵉ GAMME et ACCORD PARFAIT de DO Mineur,

ton relatif de MI Majeur.

N.° 247.
Allegro.
f
Allegro.
N.° 248.
dol.
f
SOLFEGE à 2 Voix, sur la Mesure A TROIS DEUX.
(1re. Partie: 6me. Classe, 52me. Tableau, N.° 249 bis).
Andante sostenuto.
mezf
N.° 249.
(2me. Partie: 6me. Classe, 51me. Tableau, N.° 249).
mezf

188
dol
mezf
decres.
p.
dol
mezf
p
f
f
p
cres.
cres.
f
p
p
f
p
f
p
f
p
f

32me CHŒUR à 3 Voix.

(1re *Partie*: 7me Classe, 53me Tableau, 32me CHŒUR ter.)

Andante.

(2me *Partie*: 7me Classe, 55me Tableau, 32me CHŒUR bis.)

(3me *Partie*: 7me Classe, 56me Tableau, 32me CHŒUR.)

B.)

33.me CHŒUR à 3 Voix.

(1.re Partie: 7.me Classe, 55.me Tableau, 33.me CHŒUR ter.)

Andante. f

(2.me Partie: 7.me Classe, 56.me Tableau, 33.me CHŒUR bis.)

(3.me Partie: 7.me Classe, 57.me Tableau, 33.me CHŒUR.)

24.me GAMME à 3 Voix, et ACCORD PARFAIT du ton de LA b Majeur.
(1re Partie: 7.me Classe, 57.me Tableau, No 250 ter.)
Moderato.
p
(2.me Partie: 7.me Classe, 56.me Tableau, No 250 bis.)
No 250.
(3.me Partie: 7.me Classe, 55.me Tableau, No 250.)
IMITATIONS DE MÉLODIES.
Andante.
No 251.
dol:
f
p
f

Du DOUBLE BÉMOL (♭♭)

I. Quel est l'effet du *double Bémol?* — *E.* De baisser d'un ton l'intonation d'une note, ou d'un demi-ton celle qui est déja altérée par un Bémol. — *I.* Comment détruit-on l'effet du double Bémol? — *E.* Par un simple Bémol.

EXEMPLE.

MESURE À NEUF HUIT.

I. Qu'est ce que la Mesure *à neuf huit?* __ *E.* C'est une mesure *composée* de la Mesure *à trois tems.* __ *I.* Pourquoi se nomme-t'elle ainsi? __ *E.* Parcequ'elle contient neuf huitièmes de la Ronde, c'est-à dire neuf Croches. __ *I.* A combien de tems se bat-elle? __ *E.* A trois tems. __ *I.* Chacun de ces tems n'est-il pas exactement semblable à un tems de la mesure *à six huit?* __ *E.* Oui, car il faut, pour chacun d'eux, une Noire pointée, ou trois Croches, ou une Noire et une Croche, ou six Doubles croches, &. __ *I.* Quelle est la valeur de la Mesure entière? __ *E.* Une Blanche pointée et une Noire pointée.

EXERCICE RYTHMIQUE, sur la Mesure à NEUF HUIT.

IMITATIONS DE MÉLODIE dans la Mesure à NEUF HUIT.

Andantino.

N.º 257.

(A.

34.me CHŒUR à 3 Voix.
(1re Partie: 7me Classe, 56me Tableau, 34me CHŒUR ter.)
Andantino.
Le vrai ta_lent point ne se van_te, Simple et mo_des _ te il est tou_
(2me Partie: 7me Classe, 57me Tableau, 34me CHŒUR bis.)
Le vrai ta_lent point ne se van_te, Simple et mo_des _ te il est tou_
(3me Partie: 7me Classe, 58me Tableau, 34me CHŒUR.)
Le vrai talent point ne se van_te, Simple et modeste il est tou_
mezf
_jours; De la fa_veur souvent bien len_te Il at_tend en paix le con_
mezf
_jours; De la fa_veur souvent bien len_te Il at_tend en paix le con_
mezf
_jour; De la faveur souvent bien len_te Il attend en paix le con_
_cours! Le vrai talent point ne se_van_te, Simple et mo_des_te il est tou_
_cours! Le vrai talent point ne se van_te, Simple et mo_des_te il est tou_
_cours! Le vrai talent point ne se van_te, Simple et mo_des_te il est tou_
f
_jours. De la fa_veur souvent bien len_te Il at_tend en
f
_jours. De la fa_veur souvent bien len_te Il at_tend en
f
_jours. De la fa_veur souvent bien len_te Il at_tend en paix le con_
a piacere.
paix le con_cours, en paix le con_cours, en paix le con_cours!
a piacere.
paix le con_cours, en paix le con_cours, en paix, en paix le con_cours!
a piacere.
_cours, le con_cours, le con_cours, en paix, en paix le con_cours!
B.)

SOLFÈGE à 2 Voix.

N.° 258.

35.me CHOEUR à 3 Voix.

(1re *Partie*: 7me Classe, 57me Tableau, 35me CHOEUR ter.)

Andante.

(2me *Partie*: 7me Classe, 58me Tableau, 35me CHOEUR bis.)

(3me *Partie*: 7me Classe, 59me Tableau, 35me CHOEUR.)

_ner, donner l'é_veil ƒA no_tre peu de pré_vo_
_ner, donner l'é_veil ƒA no_tre peu de pré_vo_
vientdonner l'é_veil ƒA no_tre peu de pré_vo_
_yan_ce, A no_tre peu P de pré_vo_yan_ce.
_yan_ce, A no_tre peu de pré_vo_yan_ce.
_yan_ce, A no_tre peu de prévo_yan_ce.
25me. GAMME à 3 Voix, et ACCORD PARFAIT de FA Mineur, ton relatif de LA♭ Majeur
(1re Partie: 7me Classe 61me Tableau No 259 ter.)
Andante
mezf
(2me Partie: 7me Classe 60me Tableau No 259 bis.)
No 259.
mezf
(3me Partie: 7me Classe 59me Tableau No 259.)
mezf

Adagio cantabile.
No 260.
ritard:
dol:
a tempo
Andantino.
No 261.
dol:
mez f

SOLFÈGE à 2 Voix.
(1re Partie: 7me Classe, 59me Tableau, No 263 bis.)
Andante.
No 262.
dol:
(2me Partie: 7me Classe, 60me Tableau, No 263.)
dol:
f
f
fin.
p
fin.
p
f
p
f
p

SOLFÈGE à 2 Voix.
(1re Partie 7me Classe 60me Tableau, No 263 bis.)
Andantino.
(2me Partie 7me Classe 61me Tableau No 263.)
No 263.
mezf
(06 R.)

36ᵐᵉ CHOEUR à 3 Voix.

(1ʳᵉ *Partie*: 7ᵐᵉ Classe, 59ᵐᵉ Tableau, 36ᵐᵉ CHOEUR ter.)

Andante.

(A.

SOLFÈGE à 2 Voix.

(1re Partie: 7me Classe 58me Tableau No 265 bis.)

Andantino.

N.º 264.

(2me Partie: 7me Classe 60me Tableau No 265.)

37ᵐᵉ CHŒUR à 3 Voix.

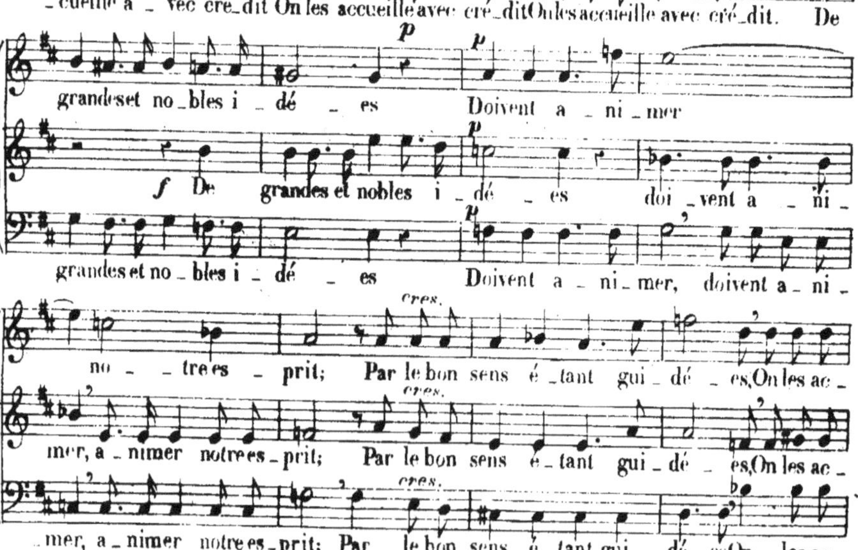

cueille avec cré_dit, avec cré_dit, On les ac _ cueille a _ vec cré _ dit.
cueille avec cré_dit, avec cré_dit, On les ac _cueille on les ac _ cueille avec cré _ dit.
cueille avec cré_dit, avec cré_dit, On les ac _ cueille, on les accueille avec cré _ dit.
CANON A L'OCTAVE, à 2 Voix.
(1.re Partie: 7.me Classe, 61.me Tableau, N.° 266 bis).
Tempo di Minuetto.
N.° 265.
(2.me Partie: 7.me Classe, 62.me Tableau, N.° 266).

38.me CHŒUR à 3 Voix.

De l'ENHARMONIQUE.

I. Que signifie *Enharmonique?* — *E.* Ce sont deux notes *Synonimes,* dont l'intonation est la même, quoique le nom de la note soit différent. — Quel est l usage de l'*Enharmonique?* — *E.* On s'en sert pour *moduler* et passer dans un autre ton éloigné de celui où l'on est. — *I.* Y a-t'il un signe particulier de désignation? — *E.* Quelquefois, on désigne les notes enharmoniques par une enflêchure ∧ ou par une liaison ⌒

Notes ENHARMONIQUES ou SYNONIMES.

EXEMPLES. 

SOLFÈGE sur les NOTES ENHARMONIQUES.

B.)

39.ᵐᵉ CHOEUR, à 3 Voix.

(A.

40ᵐᵉ CHOEUR, à 3 Voix.

41ᵐᵉ CHŒUR, CANON *à 3 Voix* égales.

(NOTA.) Ce qui est entre les 2 reprises ‖: :‖ se recommence à volonté. Lorsqu'on voudra terminer ce CANON, on passera de ce signe ✣ au signe semblable.

INVOCATION À L'HARMONIE.
12.me CHŒUR, à 4 Voix.

(1) Pour le bon effet de l'harmonie, cette partie de Ténor devrait être écrite en clef de DO sur la 4.e ligne.

quons l'har_mo _ ni e! Et que ses ac_cords dans nos chants
quons l'har_mo _ ni e! Et que ses ac_cords dans nos chants
in_voquons l'harmo_ni e! Et que ses ac_cords dans nos chants
quons l'har _ mo _ ni e! Et que ses ac _cords dans nos
Se_con_dent l'é_lan du gé_ni_e, Donnent du charme à nos ac_
Se_con_dent l'é_lan du gé _ ni_e, Donnent du charme à nos ac_
Se_con_dent l'é_lan du gé _ ni_e, Donnent du charme à nos ac_
chants Secondent l'é_lan du gé _ ni_e, Donnent du charme à nos ac_
cens, A_mis, in_voquons l'harmo_ni _ _ e, l'harmo _ ni _ e!
cens, Amis, in_voquons l'harmo _ ni_e, in_vo_quons l'harmo _ ni _ e!
cens, Amis, in_voquons l'harmo _ ni_e, in_vo_quons l'harmo _ ni _ e!
cens, A mis, in_voquons l'harmo _ ni_e, in_vo_quons l'harmo _ ni _ e!

ENSEIGNEMENT MUTUEL ET POPULAIRE

DE LA MUSIQUE

par

ALEXIS de GARAUDÉ

APPENDICE.

(Nota) L'avis préliminaire et tout ce qui précède dans cet ouvrage sur l'enseignement mutuel prouvent que son plan et son but principal ne sont point de traiter avec de plus grands détails les hautes questions de l'enseignement musical: ce qui est inutile dans ce genre de Méthode, où le grand nombre de *Leçons pratiques* doit être préférable à une théorie aride et ennuyeuse. C'est pourquoi je crois devoir indiquer comme complément, la *Seconde partie* de mes solfèges, Op: 27, destinée principalement *aux Élèves qui veulent acquérir un talent* d'ARTISTE.

Donc, ce qui constitue *l'enseignement populaire de la Musique* pourrait se terminer ici.

L'usage des diverses clefs de do, et de la clef de fa 3°. ligne est généralement peu nécessaire: toute la musique étant gravée maintenant, en France, sur la clef de sol et sur la clef de fa 4°. ligne. Cependant, soit pour la lecture de la musique ancienne, ainsi que des partitions (*où chaque clef différente indique la véritable position des sons de chaque espèce de voix ou d'instruments,*) soit pour la transposition, la connaissance de ces diverses clefs devient utile. J'ai donc cru devoir en placer ici un travail abrégé, qui sera suffisant pour les étudier.

Afin que la lecture en devienne plus facile, chaque première Leçon sur une nouvelle clef n'est composée que par intervalles de *seconde*, ou dans l'ordre naturel d'une gamme.

La clef de do sur la 4°. ligne étant employée dans ces derniers chœurs, on a dû commencer par la faire connaître.

De la Clef de DO *sur la quatrième ligne*.

I. A quel genre de voix cette clef est elle destinée ? - *E*. Aux voix d'homme, dite *Ténor*. - *I*. Quelle différence y a-t-il entre la notation des mêmes notes sur la clef de sol et sur celle de do 4ᵉ. *ligne* ? - *E*. Sur cette dernière clef, les notes s'écrivent une *seconde au-dessus*. Exemple.

I. Quelle différence existe-t-il entre la même note écrite en clef de sol pour les voix de Soprane, ou écrite en clef de do 4ᵉ. *ligne* pour les voix de Tenor ? - *E*. Cette différence est d'une octave.

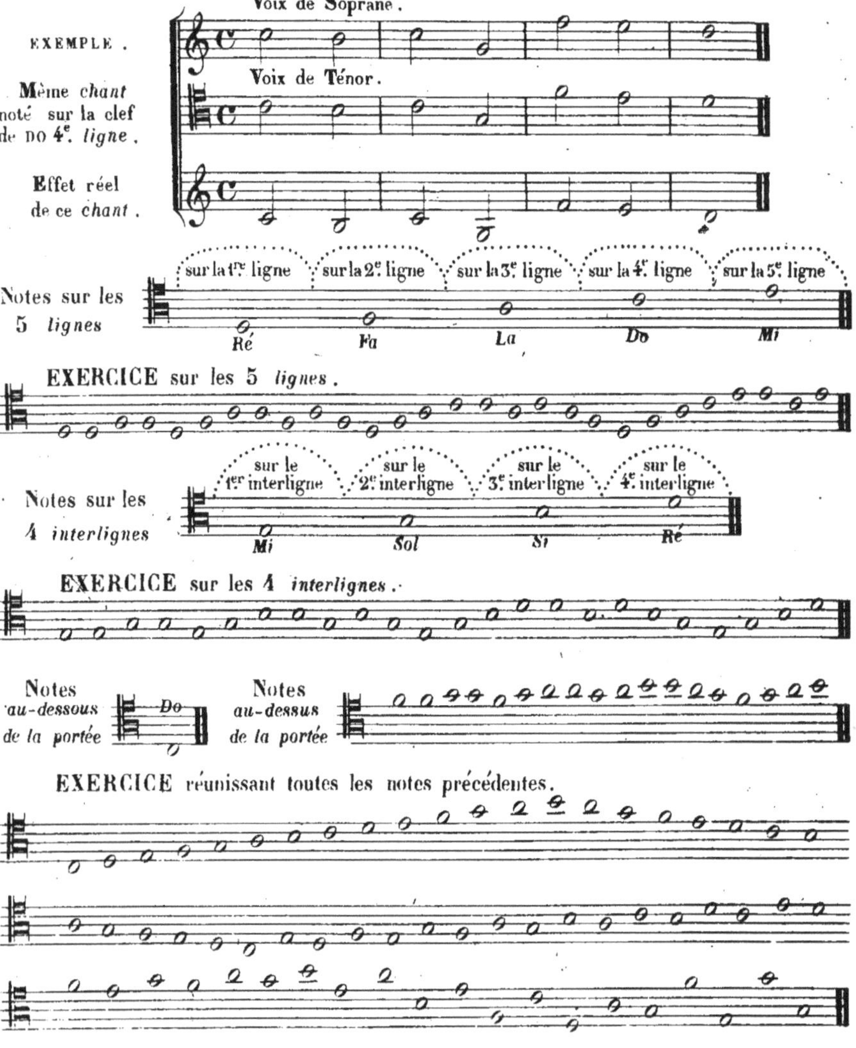

(Nota) On devra entremêler l'étude des N.ᵒˢ 266 à 285 avec celle des 8 CHŒURS D'ÉGLISE qui terminent, en suivant l'ordre qui y est indiqué.

SOLFÈGES *Faciles*, pour apprendre à nommer les notes de la clef de no 4.ᵉ *ligne*.

SOLFÈGE à 2 voix.

Allegretto.

N.º 269.

De la clef de DO *sur la première ligne*.

I. A quel genre de voix cette clef est-elle destinée ? – *E.* A la voix de *Soprane*, dite *voix de femme ou d'enfant.* – *I.* Quelle différence y a-t-il entre la manière de noter la musique sur la clef de sol et sur la clef de do sur la première ligne ? – *E.* Sur cette dernière clef, les notes de même intonation s'écrivent *une Tierce plus haut.*

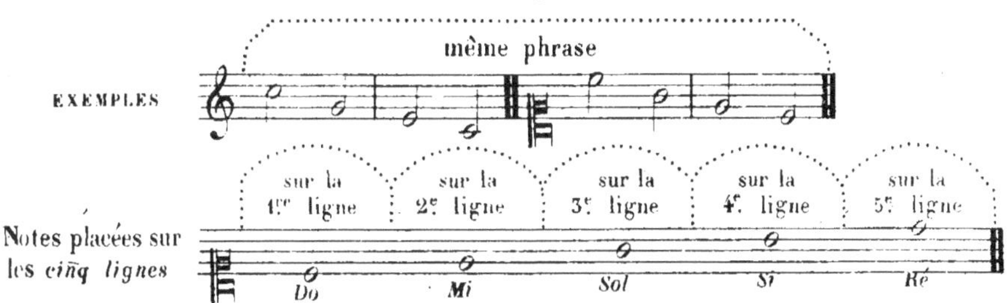

EXERCICE sur les notes placées sur les 5 lignes.

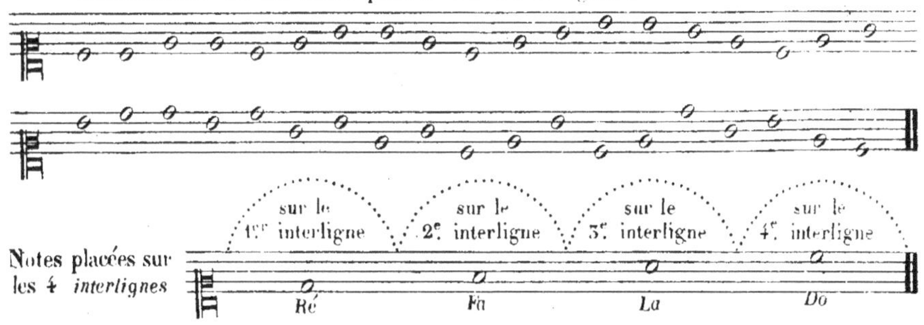

EXERCICE sur les notes placées sur les 4 interlignes.

SOLFÈGES Faciles, pour apprendre à nommer les notes
de la clef de DO sur la 1re ligne.
Moderato.
N.° 270.
p
Andante.
N.° 271.
mez f
dol
Moderato.
N.° 272.
dol
f
SOLFÈGE à 2 voix égales.
(le dégré d'intonation étant le même pour ces deux clefs)
Andante.
(1re Partie 8e. Classe 68e. T:)
N.° 273.
dol
f
(2e. Partie 8e. Classe 67e. T:)
dol
f
p
p
f
p
f
f
p
p

De la Clef de DO *sur la troisième ligne*.

I. A quel genre de voix cette clef est elle destinée ? - *E*. Aux voix basses de femme, qu'on nomme *contr'alto* et aux voix d'homme dites *premier ténor* ou improprement *haute contre*. - *I*. Quelle différence y a-t-il entre la notation des mêmes notes sur la clef de SOL et sur la clef de DO 3ᵉ. ligne ? - *E*. Sur cette dernière clef les notes s'écrivent *une seconde au-dessous*.

Exemple.  *I*. N'y a-t-il pas aussi une différence dans l'intonation de ces notes ? - *E*. Oui, cette différence est d'une octave. - *I*. Cette différence n'existe-t-elle pas aussi entre les voix de femme et celles d'homme ? - *E*. Oui, quoique ces dernières semblent chanter à *l'unisson* les mêmes notes que les voix de femme, il y a cependant entr'elles une octave de différence.

EXERCICE sur les notes placées sur les 5 *lignes*.

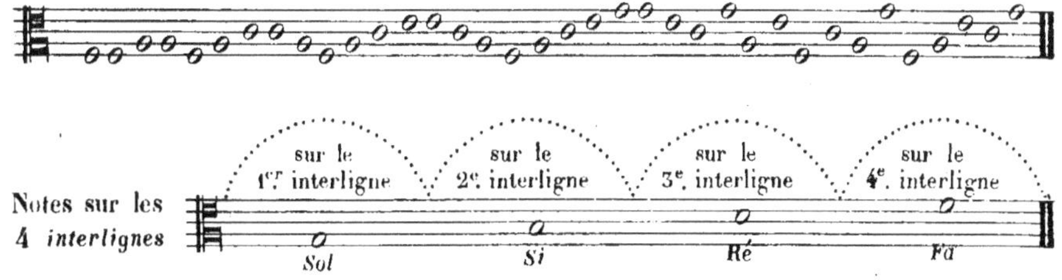

EXERCICE sur les notes placées sur les 4 *interlignes*.

Notes
au-dessous
de la portée.

Notes
au-dessus
de la portée.

EXERCICE réunissant toutes les notes précédentes.

SOLFÈGES *Faciles*, pour apprendre à nommer les notes de la clef de DO, 3ᵉ *ligne*.

De la clef de DO *sur la 2e. ligne*.

I. Quelle différence y a-t-il entre la notation des mêmes notes sur la clef de sol et la clef de do 2e. *ligne* ? – **E.** Les notes de cette dernière clef se trouvent *une quarte au-dessous* ou *une quinte au-dessus*. Exemple

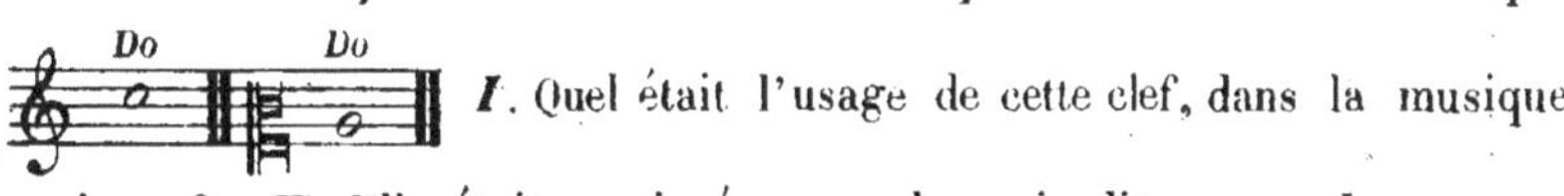

I. Quel était l'usage de cette clef, dans la musique ancienne ? – **E.** Elle était employée pour les voix dites *second soprane*. –

I. L'intonation des notes sur cette clef est donc la même que pour les notes écrites en clef de sol ou de do 1re. ligne ? – **E.** Oui.

EXERCICE sur les 5 *lignes*.

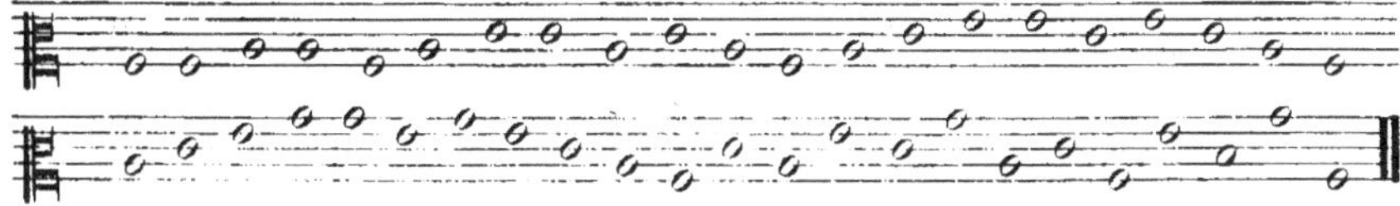

Notes sur les
4 *interlignes*

EXERCICE sur les 4 *interlignes*.

Notes
au - dessous
de la portée

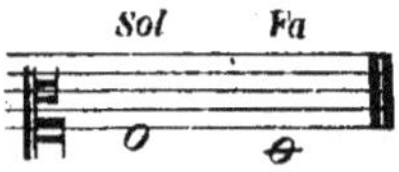

Notes
au - dessus
de la portée

EXERCICE sur toutes les notes précédentes.

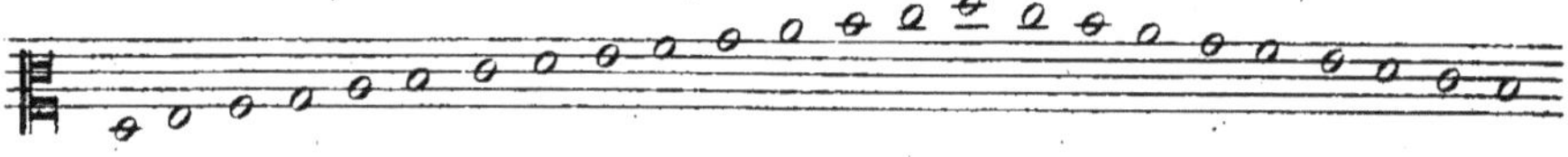

SOLFÈGES *Faciles*, pour apprendre à nommer les notes
sur la clef de DO 2e *ligne*.

Moderato.

N.º **278**.

N.° 279.
Andante.
mezf
p
N.° 280.
Tempo di marcia.
f
p
f
p
f
SOLFÈGE à 2 voix.
(1re Partie 8e. Cl: 72e. T:)
Moderato.
dol
N.° 281.
(2e. Partie 8e. Cl: 73e. T:)
dol
p

De la clef de FA sur la 3e. *ligne*.

I. Quelle différence y a-t-il entre la notation des mêmes notes sur la clef de sol et sur la clef de FA, 3ᵉ. *ligne*? -*E*. Les notes sur cette dernière clef se trouvent *une quinte au-dessous* ou *une quarte au-dessus*.

Exemple  *I*. L'intonation des notes sur cette clef est-elle la même que celle des notes de la clef de FA, 4ᵉ. *ligne*? -*E*. Oui.

Notes sur les 5 *lignes*

EXERCICE sur les **5** *lignes*.

Notes sur les 4 *interlignes*

EXERCICE sur les **4** *interlignes*.

Notes au-dessous de la portée
La   Sol
Notes au-dessus de la portée
Ré   Mi   Fa
EXERCICE sur toutes les notes précédentes.
SOLFÉGES Faciles, pour apprendre à nommer les notes sur la clef de FA 3e. ligne
Andante.
N°. 282.
p
mez f
f
p
Allegretto con moto.
N°. 283.
f
p
f
B.

Andantino.
N.º 284.
dol
SOLFÈGE à 2 voix.
Andantino. (1.re Partie 8.e Cl: 73.e T:)
N.º 285.
dol
mezf
(2.e Partie 8.e Cl: 74.e T:)
dol
mezf
1.re Fois
2.e Fois
1.re Fois
2.e Fois

OBSERVATIONS GÉNÉRALES *sur l'emploi des diverses Clefs.*

(*Nota*) L'Élève ayant appris, par ce qui précède, l'usage de toutes les diverses clefs, ce n'est seulement que maintenant qu'il pourra bien comprendre le Diapason et l'étendue de toutes les *espèces de voix.*

Les deux exemples suivants apporteront toute la clarté désirable sur cette matière, ainsi que sur leur application à la TRANSPOSITION, ou *manière de hausser ou baisser un morceau d'un ou plusieurs tons, en supposant une autre clef conforme à ces exemples ; ce qui donne une* TONIQUE *plus haute ou plus basse.*

EFFET RÉEL ET COMPARATIF DES SONS DE LA GAMME

tels qu'ils sont notés sur toutes les clefs, et de l'ÉTENDUE DE CHAQUE ESPÈCE DE VOIX.

(1) Voyez l'article TRANSPOSITION; SOLFÈGES D'A. de GARAUDÉ, op: 27, 6ᵉ Édition, page 224.

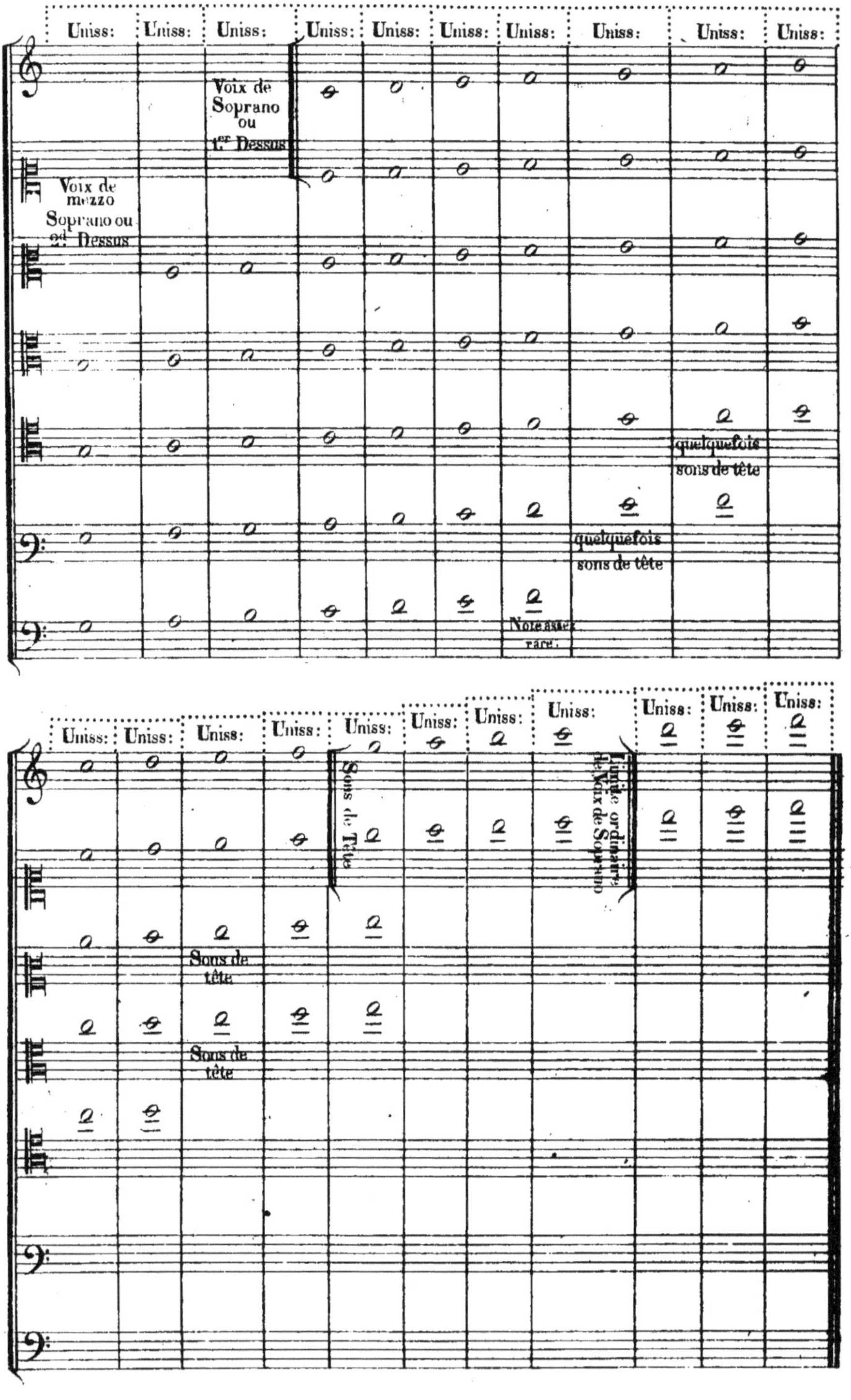

Uniss: Uniss: Uniss: Uniss: Uniss: Uniss: Uniss: Uniss: Uniss: Uniss:
Voix de Soprano ou 1er Dessus
Voix de mezzo Soprano ou 2d Dessus
quelquefois sons de tête
quelquefois sons de tête
Note assez rare.

Uniss: Uniss: Uniss: Uniss: Uniss: Uniss: Uniss: Uniss: Uniss: Uniss: Uniss:
Sons de Tête
Tessiture ordinaire de Voix de Soprano
Sons de tête
Sons de tête

HUIT CHOEURS DE MUSIQUE SACRÉE

(Nota) Dans les circonstances où il ne serait point possible de chanter une MESSE entière,
les huit Morceaux suivants pourront y suppléer.

L'un des quatre premiers peut se chanter à L'ÉLÉVATION d'une GRAND MESSE ou d'une MESSE
BASSE de MARIAGE; L'AVE MARIA au SALUT, et les trois derniers morceaux successivement
à une MESSE BASSE de MORTS. Ces huit *choeurs* se vendent séparément 2f.50. prix net, sans
accompagnement, ou 18f. prix marqué, avec accomp.t d'ORGUE ou de PIANO.

O SALUTARIS.

43.me CHOEUR à 4 *VOIX.*

Adagio Cantabile.

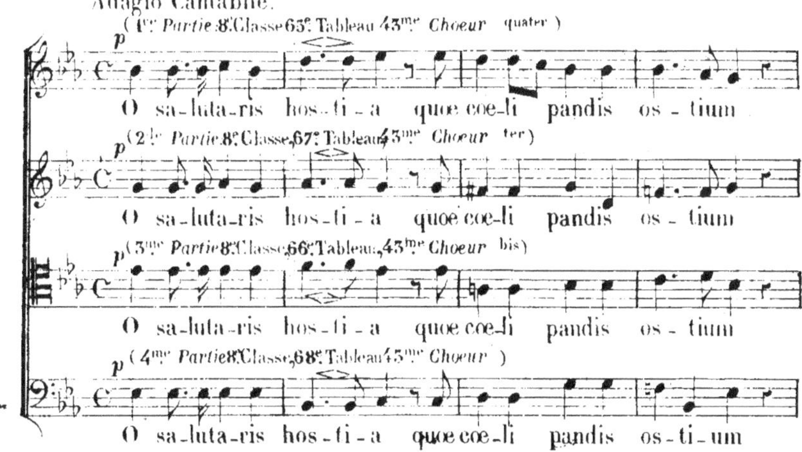

Da - ro-bur fer au - xi - li - um Da - ro-bur
Da - ro-bur fer au - xi - li - um Da - ro-bur
Da - ro-bur fer au - xi - li - um Da - ro-bur
a Da - ro-bur fer au - xi - li - um Da - ro-bur
fer au - xi - li - um O sa-lu-ta-ris hos - ti -
fer au - xi - li - um O sa-lu-ta-ris hos - ti -
fer au - xi - li - um O sa-lu-ta-ris hos - ti -
fer au - xi - li - um O sa-lu-ta-ris
a quœ cœ - li pan-dis os - ti - um bel-la pre -
a quœ cœ - li pan-dis os - ti - um bel-la pre -
a quœ cœ - li pan-dis os - ti - um
hos-ti - a quœ cœ - li pan-dis os - ti - um

_munt hos_ti___li_a Da ro_bur fer da ro_bur
_munt hos_ti_li___a Da ro_bur fer da ro_bur
bel_la pre_munt hosti_li___a da ro_bur fer
bel_la pre_munt hosti_li___a da ro_bur fer da ro_bur
fer au_xi___li_um Da ro_bur
fer au_xi___li_um Da ro_bur
da ro_bur fer au_xi___li_um Da ro_bur
fer au__xi___li___um da ro_bur fer
fer da ro_bur fer au_xi___li_um!
fer da ro_bur fer au_xi___li_um!
fer da ro_bur fer au_xi___li_um!
au_xi_li___um au__xi_li_um!

ECCE PANIS

44ᵐᵉ CHOEUR à 3 VOIX.

bus   Bo-ne pas-tor   pa   nis ve-re   Je su nos-
bus   Bo-ne pas-tor   pa-nis   pa-nis   ve-re   Je-su nos-
bus cani-bus   Bo-ne pas-tor   pa   nis ve-re   Je-su nostri   mi se re   re   mi-se-re-re mi-se-re-re Je-
tri   Je su   nos-tri mi-se-re   re mi-se-re   re   mi-se-re-re Je-
tri   Je-su   nos-tri mi-se-re   re mi-se-re   re   mi-se-re-re Je-
su   Je su nostri mise-re   re   Tu nos pasce nostu   e re nos
su   Je su nostri mise-re   re   Tu nos pasce nos tu-
su   Je   su   nostri mi-se-re-re   Tu nos pasce nos tu-
bo na   fac vi-de   re in ter-ra vi-ven-ti-um
e re Nos bo-na   fac vi de   re in ter-ra vi-ven-ti-um
e re Nos bo-na   fac vi-de   re in ter-ra vi-ven-ti-um Bo-ne pas-
Bone pas tor Je su!   nostri mi-se-re re!
Bo ne pas tor Je su!   nostri mi-se-re re!
tor Je su Je su!   nostri mi-se-re re!

ADOREMUS.

45ᵐᵉ CHOEUR à 4 VOIX　　(ÉLÉVATION ou SALUT)

Adagio.

Do - minum lau - da - - te Do - minum omnes po - pu - li lau -
Do - minum lau - da - - te Do - minum omnes po - pu - li lau -
Do - minum lau - da - - te Do - minum omnes po - pu - li lau -
Do - minum lau - da - te Do - minum omnes po - pu - li lau -
- da - te Do - mi - num lau - da - te e - - - um om - nes po - - pu -
- da - te Do - mi - num lau - da - te e - - - um om - nes po - - pu -
- da - te Do - mi - num lau - da - te e - - - um om - nes po - - pu -
- da - te Do - mi - num lau - da - te e - um om - nes po - - pu -
p cres.
- li A - do - re - - mus sanctis - si - mum sa - cra - men - - tum A - do -
- li A - do - re - - mus sanctis - si - mum sa - cra - men - - tum A - do -
- li A - do - re - - mus sanctis - si - mum sa - cra - men - - tum A - do -
- li A - do - re - - mus sanctis - si - mum sa - cra - men - - tum A - do -

(B)

_ re _ mus a _ do _ re _ _ mus Quo ni _ am con _ fir _
_ re _ mus a _ do _ re _ _ mus Quo ni _ am con _ fir _
_ re _ _ mus, a _ do _ re _ _ mus Quo ni _ am con _ fir _ ma _ ta
_ re _ _ mus a _ do _ re _ _ mus Quoni _ am con _ fir _
_ ma _ ta est Super nos Mi _ se _ ri cordi _ a e _ _ jus Et ve _ ri _ tas
_ ma _ ta est Super nos Mi _ se _ ri _ cordi _ a e _ jus Et ve _ ri _ tas
est Su _ per nos Mi _ se _ ri _ cordi _ a e _ jus Et ve _ ri
_ ma _ ta est Super nos Mi _ se _ ri _ cordi _ a e _ jus Et ve _ ri _
Do _ mi _ ni ma _ net in e ter _ num in e ter _ _ num!
Do _ mi _ ni ma _ net in e ter _ num in e ter _ _ _ num!
_ tas Domi _ ni ma _ net in e ter _ num in e ter _ _ _ num!
_ tas Domi _ ni ma _ net in e ter _ num in e ter _ _ num!

TANTUM ERGO

47ᵐᵉ CHŒUR à 3 VOIX

(ELEVATION ou SALUT)

cres.
f
Fin.
i no-vo ce _ _ dat ri _ tu _ i
cres.
f
Fin.
i no-vo ce _ _ dat ri _ tu _ i
cres.
f
Fin.
i no-vo ce _ _ dat _ ri _ tu _ i ri _ tu _ i
p
Prœstes fi _ des supple-men _ tum sen-su-um de-fec_
p
Prœstes fi _ des supplemen _ tum sen-suum
p
Prœstes fi _ des supplemen _ tum sen-suum
_ tu _ _ i de-fec _ tu _ _ i Prœstes fi des supple_
f
de _ fec tu _ i de-fec _ tu _ _ i Prœstes fi_des _ supple_
f
de _ fec tu _ i de-fec _ tu _ _ i Prœstes fi-des _ supple-
f
_ men _ _ tum sen _ _ su _ um de _ fec _ tu _
p
_ men _ _ tum sen-su _ um sen-su _ um de _ fec _ tu _
p
_ men _ _ tum sen-su _ _ um _ sen _ su _ um de _ fec _ tu _
p
_ i de _ fec-tu _ i a _ _ men p a _ men amen!
p
f
_ i de _ fec-tu _ i amen a _ men p a _ men amen!
p
i de _ fec-tu _ i a-mena _ men a _ men!

AVE MARIA

47me CHŒUR à 3 VOIX   (au SALUT)
Andtino 1re Partie 8e Classe, 68e Tableau, 47e Chœur 1er)
A-ve Ma-ri-a A-ve Ma-ri-a gra-ti-a
2e Partie 8e Classe, 70e Tableau, 47e Chœur bis)
A-ve Ma-ri-a A-ve Ma-ri-a gra-ti-a
3e Partie 8e Classe, 71e Tableau, 47e Chœur)
A-ve Ma-ri-a A-ve Ma-ri-a gra-ti-a gra-ti-a
ple-na Domi-nus te-cum bene-dic-ta-tu in muli-
ple-na Domi-nus te-cum bene-dic-ta-tu in muli-
ple-na Dominus te-cum benedicta-tu in muli-
-e-ri-bus in muli-e-ri-bus et be-ne-dic-tus fruc-tus ventris
-e-ri-bus in muli-e-ri-bus et bene-dic-tus fruc tus
-e-ri-bus in muli-e-ri-bus et be-ne-dic-tus fruc tus
tu-i Je-sus Je-sus Sancta Ma-
ventris tu-i Je-sus Je-sus
ventris tu-i Je-sus Je-sus

_ri _ a o _ ra pro _ no _ bis pec _ ca _ to _ ri
Sanc ta Ma _ ri _ a o _ ra pro _ no _ bis pec _ ca _ to _ ri
Sanc ta Ma _ ri _ a o _ ra pro _ no _ bis pec _ ca _ to _ ri
_ bus o _ ra pro no _ bis Nunc et in ho _ ra mor _ tis nos _
_ bus o _ ra pro no _ bis Nunc et in ho _ ra mor _ tis nos _
_ bus o _ ra pro no _ bis Nunc et in ho _ ra mor _ tis nos _
_ tra a _ men a _ men amen a _ men Sanc _
_ tra a _ men amen a _ men amen a _ men Sanc _
_ tra a _ men amen a _ men amen a _ men Sanc _
_ ta Ma _ ri _ a o _ ra pro no bis Sanc _ ta Ma _ ri _ a Sanc _
_ ta Ma _ ri _ a o _ ra pro no bis Sanc _ ta Ma _ ri _ a Sanc _
_ ta Ma _ ri _ a o _ ra pro no bis Sanc _ ta Ma _ ri _ a Sanc _
_ ta Ma _ ri _ a o _ ra _ pro no _ _ bis
_ ta Ma _ ri _ a _ o _ ra _ pro no _ bis pro no _ bis
_ ta Ma _ ri _ a o _ ra _ pro no _ bis pro no _ _ bis

48.ᵐᵉ CHŒUR à 3 VOIX. (MESSE DE MORTS)

_em do-na e_is, Do-mi-ne, Do na e is Do _ mi_
_em do-na-e-is Do-mi-ne Do na _ is Do _ mi_
_em do-na-e-is Do-mi-ne Do _ na _ e_ is Do _ mi_
_ne Fin. Andante. Te de_cet hym-nus Deus in Si - on
_ne Fin Te de_cet hym _nus De-us in Si_
_ne Fin Te de_cet hym-nus De-us in Si_
Et ti _ bi red_de_tur vo _ tum in Je-ru-sa_ lem E _
on et ti_bi red_de-tur vo _ tum in Je-ru-sa_ lem E _
on et ti-bi red_de_tur vo _ tum in Je-ru-sa_ lem
_xau _ di E_xau _ di o-ra_ ti_o_nem
_xau _ di E_xau _ di o-ra-ti_o _nem_
E_xau _ di E_xau _ di o _ra_ti-o _nem
me _ am ad te ad te om _nis ca_ro
me _ am ad te ad te om _nis ca_ro
me _ am. ad te ad te om_nis ca _ro

PIE JESU.

49ᵐᵉ CHŒUR à 3 VOIX.   (MESSE DE MORTS)

Andantino.   1ʳᵉ.Partie 8ᵉ.Classe 72ᵉ Tableau 49ᵉ.Chœur ter   (ELÉVATION.)

Un poco più mosso. FUGUE.

AGNUS DEI.

50me CHŒUR à 3 VOIX.   (MESSE DE MORTS.)

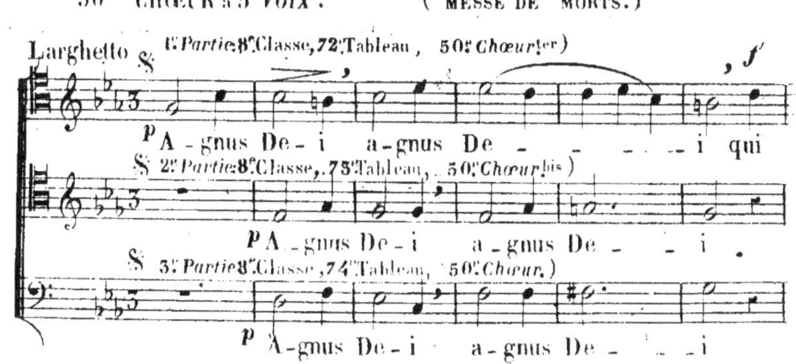

tollis pec _ ca _ ta mun _ _ _ di do _ na e _ is
qui tol-lis pec _ ca _ ta mundi do _ na e _ is
qui tol-lis pec _ ca _ ta mun di do _ _ na e _ is
re _ qui _ em do _ na e _ is do _ _ na e _ is re _ qui
re _ qui _ em do _ na e _ is do _ _ na e _ is re _ qui _
re _ qui _ em do _ na e _ is e _ is re _ qui _
_ em re qui _ em sempi-ter _ _ nam sempi-ter _ _
_ em re qui _ em sempi-ter _ _ nam sempi-ter _ _
_ em re qui _ em sempi-ter _ _ _ _ _ nam sempi-ter _ _
_ _ _ nam lux-e-ter _ _ _ na lu-ce at
_ _ _ nam lux _ e _ ter _ na
_ _ nam lux _ e _ ter _ na
FIN. Andante.
FIN.
FIN.

e - - - - - is cum sanc - tis tu - is in e -
lu - ce - at e - is cum sanc - tis tu - is in e -
lu - ce - at e - is cum sanc - tis tu - is in e -
-ter - - - num quia pi - us es qui - a pi - us
-ter - - - num quia pi - us es qui - a pi - us
-ter - - - num quia pi - us es qui - a pi - us
-es lux - e - ter - na lu - ce - at e - is Domi -
-es lux - e - ter - na lu - ce - at e - is Domi -
-es lux - e - ter - - - na lu - ce - at e - is Domi -
-ne cum sanctis tu - is in - e - ter - num qui - a pi - us es!
-ne cum sanctis tu - is in - e - ter - num qui - a pi - us es!
-ne cum sanctis tu - is in - e - ter - num qui - a pi - us es!